DIREITO CANÔNICO

Dados Internacionais de Catalogação na Publicação (CIP)
(Câmara Brasileira do Livro, SP, Brasil)

Müller, Ivo
   Direito Canônico: O Povo de Deus e a vivência dos
sacramentos / Ivo Müller – Petrópolis, RJ : 2. ed. Vozes, 2019.
   (Coleção Iniciação à Teologia).
   ISBN 978-85-326-6128-9
   Bibliografia.
   1. Direito canônico 2. Povo de Deus 3. Teologia –
Estudo e ensino I. Morás, Francisco. II. Título. III. Série.

04-1380   CDD-262.9

Índices para catálogo sistemático:
1. Direitos e deveres : Povo de Deus : Direito
   canônico 262.9
2. Povo de Deus : Direitos e deveres : Direito
   canônico 262.9

IVO MÜLLER, OFM

DIREITO CANÔNICO

O Povo de Deus e a vivência dos sacramentos

Petrópolis

© 2004, 2019, Editora Vozes Ltda.
Rua Frei Luís, 100
25689-900 Petrópolis, RJ
www.vozes.com.br
Brasil

Todos os direitos reservados. Nenhuma parte desta obra poderá ser reproduzida ou transmitida por qualquer forma e/ou quaisquer meios (eletrônico ou mecânico, incluindo fotocópia e gravação) ou arquivada em qualquer sistema ou banco de dados sem permissão escrita da editora.

CONSELHO EDITORIAL

Diretor
Gilberto Gonçalves Garcia

Editores
Aline dos Santos Carneiro
Edrian Josué Pasini
Marilac Loraine Oleniki
Welder Lancieri Marchini

Conselheiros
Francisco Morás
Ludovico Garmus
Teobaldo Heidemann
Volney J. Berkenbrock

Secretário executivo
João Batista Kreuch

Diagramação: Sheilandre Desenv. Gráfico
Revisão gráfica: Fernando Sergio Olivetti da Rocha / Nivaldo S. Menezes
Capa: WM design

ISBN 978-85-326-6128-9

Esta obra teve uma edição com o título *Direitos e deveres do Povo de Deus*.

Editado conforme o novo acordo ortográfico.

Este livro foi composto e impresso pela Editora Vozes Ltda.

Sumário

Apresentação à segunda edição, 7

Prefácio, 11

Abreviaturas, 13

Introdução, 15

Parte I – Os direitos e deveres comuns do Povo de Deus, 17

I – Os direitos e deveres de todos os fiéis cristãos, 21

II – Os direitos e deveres dos fiéis leigos e leigas, 48

III – Os direitos e deveres dos fiéis clérigos, 68

IV – Os direitos e deveres das fiéis religiosas e religiosos consagrados, 95

Parte II – O direito dos fiéis cristãos aos sacramentos da Igreja, 123

I – O Sacramento do Batismo, 127

II – O Sacramento da Confirmação, 139

III – O Sacramento da Eucaristia, 143

IV – O Sacramento da Penitência, 158

V – O Sacramento da Unção dos Enfermos, 166

VI – O Sacramento da Ordem, 170

VII – O Sacramento do Matrimônio, 177

Anexos, 227

I – Roteiro para exposição do caso de nulidade matrimonial, 229

II – Sentença de Primeira Instância, 232

Referências, 247

Índice, 251

Apresentação à segunda edição

Uma coleção de teologia, escrita por autores brasileiros, leva-nos a pensar a função do teólogo no seio da Igreja. Tal função só pode ser entendida como atitude daquele que busca entender a fé que professa, e, por isso, faz teologia. Esse teólogo assume, então, a postura de produzir um pensamento sobre determinados temas, estabelecendo um diálogo entre a realidade vivida e a teologia pensada ao longo da história, e se caracteriza por articular os temas relativos à fé e à vivência cristã, a partir de seu contexto. Exemplo claro desse diálogo, com situações concretas, são Agostinho ou Tomás de Aquino, que posteriormente tiveram muitas de suas teorias incorporadas à doutrina cristã-católica, mas que a princípio buscaram estabelecer um diálogo entre a fé e aquele determinado contexto histórico. Como conceber um teólogo que se limita a reproduzir as doutrinas pensadas ao longo da história? Longe de ser alguém arbitrário ou que assuma uma posição de déspota, o teólogo é aquele que dialoga com o mundo e com a tradição. Formando a tríade teólogo-tradição-mundo, encontramos um equilíbrio saudável que faz com que o teólogo ofereça subsídios para a fé cristã, ao mesmo tempo que é fruto do contexto eclesial em que vive.

Outra característica que o acompanha é a de ser filho da comunidade eclesial, e, como tal, deve fazer de seu ofício um serviço aos cristãos. Se consideramos que esses cristãos estão inseridos em realidades concretas, cada teólogo é desafiado a oferecer pistas, respostas ou perspectivas teológicas que auxiliem na construção da identidade cristã que nunca está fora de seu contexto, mas acontece justamente na relação dialógica com ele. Se o contexto é sempre novo, também a teologia se renova. Por isso o teólogo olha novos horizontes e desbrava novos caminhos a partir da experiência da fé.

O período do Concílio Vaticano II (1962-1965) consagrou novos ares à teologia europeia, influenciada pela *Nouvelle Théologie*, pelos movimentos bíblicos e litúrgicos, dentre outros. A teologia, em contexto de modernidade, apresentou sua contribuição aos processos conciliares, sobretudo na perspectiva do diálogo que ela própria estabelece com a modernidade, realidade latente no contexto europeu. A primavera teológica, marcada por expressiva produção intelectual e pelo contato com as várias dimensões humanas, sociais e eclesiais, também chega à América Latina. As conferências de Medellín (1968) e Puebla (1979) trazem a ressonância de vários teólogos latino-americanos que, diferente da teologia europeia, já não dialogam com a modernidade, mas com suas consequências, vistas principalmente no contexto socioeconômico. Desse diálogo surge a Teologia da Libertação e sua expressiva produção editorial. A Editora Vozes, nesse período, foi um canal privilegiado de publicações, e produziu a coleção *Teologia & Libertação* que reuniu grandes nomes na perspectiva da teologia com a realidade eclesial latino-americana. Também nesse período houve uma reformulação conceitual na *REB* (Revista Eclesiástica Brasileira), organizada pelo ITF (Instituto Teológico Franciscano), sendo impressa e distribuída pela Editora Vozes. Ela deixou de ser canal de formação eclesiástica para se tornar um meio de veiculação da produção teológica brasileira.

Embora muitos teólogos continuassem produzindo, nas décadas do final do século XX e início do XXI, o pensamento teológico deixou de ter a efervescência do pós-concílio. Vivemos um momento antitético da primavera conciliar, denominado por muitos teólogos como inverno teológico. Assumiu-se a teologia da repetição doutrinária como padrão teológico e os manuais históricos – muito úteis e necessários para a construção de um substrato teológico – que passaram a dominar o espaço editorial. Essa foi a expressão de uma geração de teólogos que assumiu a postura de não mais produzir teologia, mas a de reafirmar aspectos doutrinários da Igreja. O papado de Francisco marcou o início de um novo momento, chancelando a produção de teólogos como Pagola, Castillo, e em contexto latino-americano, Gustavo Gutiérrez. A teologia voltou a ser espaço de produção e muitos teólogos passaram a se sentir mais responsáveis por oferecerem ao público leitor um material consonante com esse momento.

Em 2004, o ITF, administrado pelos franciscanos da Província da Imaculada, outrora responsável pela coleção *Teologia & Libertação* e ainda responsável pela *REB*, organizou a coleção *Iniciação à Teologia*. O Brasil vivia a efervescência dos cursos de teologia para leigos, e a coleção tinha o objetivo de oferecer a esse perfil de leitor uma série de manuais que exploravam o que havia de basilar em cada área da teologia. A perspectiva era oferecer um substrato teológico aos leigos que buscavam o entendimento da fé. Agora, em 2019, passamos por uma reformulação dessa coleção. Além de visarmos um diálogo com os alunos de graduação em teologia, queremos que a coleção seja espaço para a produção teológica nacional. Teólogos renomados, que têm seus nomes marcados na história da teologia brasileira, dividem o espaço com a nova geração de teólogos, que também já mostraram sua capacidade intelectual e acadêmica. Todos eles têm em comum a característica de sintetizarem em seus manuais a produção teológica que é fruto do trabalho.

A coleção *Iniciação à teologia*, em sua nova reformulação, conta com volumes que tratam das Escrituras, da Teologia Sistemática.

Teologia Histórica e Teologia Prática. Os volumes que estavam presentes na primeira edição serão reeditados; alguns com reformulações trazidas por seus autores. Os títulos escritos por Alberto Beckhäuser e Antônio Moser, renomados autores em suas respectivas áreas, serão reeditados segundo os originais, visto que o conteúdo continua relevante. Novos títulos serão publicados à medida que forem finalizados. O objetivo é oferecermos manuais às disciplinas teológicas, escritos por autores nacionais. Essa parceria da Editora Vozes com os teólogos brasileiros é expressão dos novos tempos da teologia, que busca trazer o espírito primaveril para o ambiente de produção teológica, e, consequentemente, oferecermos um material de qualidade para que estudantes de teologia, bem como teólogos e teólogas, busquem aporte para seu trabalho cotidiano.

Welder Lancieri Marchini
Editor teológico, Vozes
Organizador da coleção

Francisco Morás
Professor do ITF
Organizador da coleção

Prefácio

O Concílio Vaticano II foi um marco eclesial para a Igreja Católica. E isso porque ela trouxe ao centro da vida eclesial a perspectiva da Igreja como Povo de Deus, tratada sobretudo na *Lumen Gentium*. Os leigos deixaram de ser vistos unicamente como destinatários do processo de evangelização, sendo concebidos como parte do Povo de Deus, ou como protagonista, termo utilizado por Chenu, pela participação laical na Igreja e no mundo, pensada por Congar, ou ainda as atuais reflexões sobre o leigo como sujeito eclesial. A eclesiologia de comunhão e participação deu ao leigo católico um novo lugar na comunidade eclesial. E isso foi consequência de um processo histórico europeu de participação social, mas encontrou terreno fértil na América Latina, onde as comunidades já se constituíam com participação ativa do laicato.

O Vaticano II optou por não reformular o Direito Canônico, trabalho realizado já no papado de João Paulo II, e publicado em 1983. Mas o Concílio estabeleceu as bases eclesiológicas da comunhão e participação, sobre as quais o Direito Canônico deveria ser pensado.

Frei Ivo Müller, atual diretor do Instituto Teológico Franciscano (ITF), em Petrópolis, nos oferece uma obra que entende a relação dos leigos com a comunidade eclesial como participação, e ao tomar parte no processo eclesial o leigo se torna corresponsável, tomando consciência de seus direitos e de seus deveres como sujeito e partícipe do processo eclesial. A comunhão é assumida a partir da perspectiva da dignidade batismal e nunca em demérito à hierarquia, mas na perspectiva de uma Igreja que se coloca a serviço.

A relação do leigo com a comunidade eclesial também se dá pela celebração dos sacramentos. É na vivência sacramental que a maioria dos leigos tem acesso à comunidade cristã. E por mais que os sacramentos sejam celebrados na liturgia, sua concepção é envolta em processos de cunho jurídico. Com uma linguagem prática e vivencial, Ivo Müller aqui nos oferece um caminho para que o Direito Canônico possa ser entendido na perspectiva da vivência eclesial.

Welder Lancieri Marchini

Editor teológico, Vozes

Organizador da coleção

Francisco Morás

Professor do ITF

Organizador da coleção

Abreviaturas

AA = *Apostolicam Actuositatem*

AG = *Ad Gentes*

CD = *Christus Dominus*

DH = *Dignitatis Humanae*

GE = *Gravissimum Educationis*

GS = *Gaudium et Spes*

LG = *Lumen Gentium*

FC = *Familiaris Consortio*

PO = *Presbyterorum Ordinis*

UR = *Unitatis Redintegratio*

Introdução

A Declaração Universal dos Direitos Humanos, promulgada pelas Nações Unidas em 1948, motivou a Igreja a repensar a sua teologia, em especial a relação dos pastores com os leigos e leigas. Com o alvorecer do Concílio Vaticano II, a Igreja como um todo conseguiu reestruturar a relação de poder entre clérigos e leigos, do estilo vertical (piramidal) ao estilo horizontal (circularidade de ministérios). De uma sociedade de *desiguais*, concebeu-se aos poucos a visão teológico-jurídica da *igualdade radical* de dignidade entre todos os fiéis incorporados à Igreja pelo batismo cristão. Nessa igualdade radical da dignidade fundamental de todos os batizados houve, por conseguinte, a emancipação laical. Consequentemente, foi necessário adaptar a sua legislação canônica da Igreja de 1917 a um novo Código de Direito Canônico, que foi promulgado em 1983. Nesse Código, são contemplados os *Direitos e Deveres do Povo de Deus*.

A presente obra é fruto de quatro anos de estudo, provenientes do matrimônio entre a teoria e a prática. É o resultado do corpo a corpo com a atividade pastoral, desenvolvida desde o ano 2000, sobretudo na Paróquia Nossa Senhora do Pilar, Diocese de Duque de Caxias (Baixada Fluminense). Os exemplos dos casos citados, com pseudônimos, são frutos de questões suscitadas na praxe pastoral, nas salas de aula do ITF e na atividade jurídica desempenhada no Tribunal Eclesiástico Regional do Rio de Janeiro. Este livro não é uma obra prolixa, destinada a intelectuais do saber teológico, mas um manual prático e não fechado em si mesmo, a serviço do inteiro Povo de Deus, seja aos alunos de teologia, seja aos presbíteros, religiosos, religiosas, leigas e leigos engajados nas comunidades locais da Igreja.

O estudo se divide em duas partes. Na primeira parte, abordamos os direitos e deveres de todos os fiéis cristãos, os direitos e deveres dos fiéis leigos, os direitos e deveres dos fiéis clérigos e os direitos e deveres das religiosas e religiosos consagrados. Na segunda parte, apresentamos o direito dos fiéis cristãos aos sete sacramentos da Igreja, com um resumo prático e provocativo nessa área eclesial.

Que o Espírito do Senhor incremente o que falta nesse instrumento de trabalho, sobretudo na complementação de suas lacunas ou interrogações suscitadas e na seara de nossa atuação teológico-jurídica em prol do inteiro Povo de Deus.

PARTE I

Os direitos e deveres comuns do Povo de Deus

Uma nova luz brilhou no horizonte eclesiológico dos anos de 1960, com o Concílio Ecumênico Vaticano II. Este concílio ressuscitou dentro da Igreja certos valores cristãos, um tanto empoeirados pela sua inadequada aplicação aos seus membros, incorporados pelo batismo ao sacerdócio comum de Cristo. Nesta panorâmica, a dignidade dos fiéis cristãos foi recuperada, sobretudo dos fiéis leigos, numa nova mentalidade de Igreja, concebida como Povo de Deus. A partir deste momento, todos formam a inteira família deste Povo, edificando conjuntamente a Igreja de Cristo, cada um dentro do seu estado próprio de pessoas ao tríplice múnus de Cristo, ou seja, ao múnus sacerdotal, profético e régio de Cristo.

Os cânones 204 a 207 do Código de Direito Canônico de 1983 sintetizam os pontos centrais da eclesiologia do Vaticano II sobre o Povo de Deus, sobretudo da Constituição *Lumen Gentium*, número 32. Esses cânones enfocam a temática dos fiéis (leigos, religiosos e clérigos), situados sobre a base da igualdade radical das pessoas diante da lei da Igreja e sua distinta configuração no que tange aos seus direitos e deveres (cf. DÍAZ MORENO, 1989: 34-36). Nesta eclesiologia, a base radical dos *fiéis cristãos*, incorporados na Igreja pelo batismo, favorece, *a priori*, a base comum de qualquer distinção em estados ou classes de pessoas dentro do Povo de Deus. Assim, essa eclesiologia proporciona uma relação primária entre todos os cristãos, que formam uma sociedade em caminho, rumo à restauração do Reino de Deus. Todos são "concidadãos" nesta sociedade enquanto *fiéis cristãos*, cuja condição de igualdade fundamental fomenta a formação da sua dignidade e liberdade de filhos de Deus. O vínculo visível e invisível desta sociedade acontece graças à cabeça que serve ao inteiro corpo, a hierarquia. Os seus pastores organizam e dinamizam toda a ação dos *fiéis cristãos* que, unidos à hierarquia, realizam o Reino de Deus (cf. DEL PORTILLO, 1969: 323-324).

O princípio da igualdade e da dignidade comum desembocou na redação da *Lumen Gentium*, a qual especifica que alguns foram constituídos, por vontade de Cristo, doutores, dispensadores de mistérios e pastores dos demais. Existe, assim, uma autêntica igualdade entre todos, enquanto dignidade e ação comum de todos os fiéis, cada um no seu justo campo de ação, na mútua edificação do Corpo de Cristo (LG 32).

I
Os direitos e deveres de todos os fiéis cristãos

Os cânones 208 a 223 do atual Código de Direito Canônico legislam sobre os direitos e deveres de todos os fiéis cristãos (leigos/as, clérigos e religiosos/as), como veremos a seguir.

1. O direito à igualdade

O cânon 208 abre o prisma dos direitos e deveres de todos os fiéis cristãos, justamente porque focaliza a igualdade radical entre todos os batizados. Todos os fiéis são iguais diante do projeto comum de Cristo. Por consequência, gozam da mesma dignidade e liberdade de ação, enquanto filhos de Deus radicados no sacerdócio comum de Cristo. Resulta disso a exclusão de toda e qualquer decisão arbitrária por parte da hierarquia da Igreja, no distinto serviço que se presta a todos os fiéis cristãos, porque somente entre iguais pode haver relações justas de justiça.

Com a emancipação dos fiéis leigos depois do Vaticano II e com o seu crescente desempenho da consciência crítica, não há mais espaço para relações de subordinação, como era frequente no Código de 1917, mas de verdadeira cooperação na edificação do Corpo de Cristo, cada um no múnus e estado próprio.

2. O dever da comunhão com a Igreja

O Povo de Deus é uma sociedade organicamente constituída, embasada sobre alguns princípios, tais como o princípio da igualdade fundamental, o princípio da variedade e o princípio da instituição. Em razão deste último princípio, toda a organização da Igreja funciona segundo a vontade do próprio Cristo, enquanto seu divino fundador. Para que tudo funcione organicamente, é muito importante, dentro desta sociedade, a comunhão (cânon 209). Partindo da ideia da igualdade fundamental entre todos os fiéis, em razão do sacerdócio comum de todos os batizados e crismados em Cristo, todos esses fiéis são participantes da dignidade comum, sendo pessoas de direitos e deveres dentro da Igreja. Por isso, na missão canônica, todos os membros desta sociedade participam na mútua cooperação nos seus diversos carismas, encargos e ofícios, a serviço da edificação da comunidade eclesial. Sem a comunhão não haveria uma verdadeira cooperação dos valores cristãos, e consequentemente não haveria uma verdadeira Igreja.

As condições jurídicas requeridas à comunhão com a hierarquia são: a incorporação à Igreja de Cristo pelo batismo, constituindo-lhe pessoa de direitos e deveres dentro desta sociedade; a profissão de fé; a recepção dos sacramentos e a adesão ao poder de regime eclesiástico. Estas condições fazem parte dos requisitos de todo e qualquer fiel cristão, incorporado à Igreja pelo batismo e que não tenha manifestado a sua saída da Igreja através de um ato formal (cânon 96; 205; 1124).

Essas condições, porém, poderiam ser camufladas, se vistas somente nos seus aspectos jurídicos. Um fiel cristão pode apresentar a sua carteira de identidade de batizado, pode rezar o *Creio* em todas as missas dominicais e festivas, não repudiar a hierarquia da Igreja e assim viver a sua identidade de cristão em modo um tanto passivo, isto é, sem demonstrar pelo exemplo de vida e pelas obras, a sua pertença ao Povo de Deus. Embora o fiel leigo seja convidado a santificar o mundo pelas suas obras, em especial no múnus familiar, é preciso aprimorar este conceito de cristão, indo ao encontro do desafio de uma nova visão eclesial a partir do Vaticano II. Esses fiéis são convidados a cooperar com a hierarquia, em vista do bem comum desta sociedade. Não significa que todos devam assumir ofícios ou encargos eclesiásticos. Cada um deve viver a mensagem do Evangelho no seu múnus próprio. Esses fiéis desempenham uma importante função na humanização do mundo, para que o todo desta sociedade possa chegar à meta confiada por Cristo à Igreja. Porém, nesta nova visão eclesiológica, onde esses féis são requisitados, não se lhes pode negar tal cooperação, desde que capacitados a desempenhar tais ofícios ou encargos.

3. O dever de conduzir uma vida santa e de promover a santidade da Igreja

Uma das provocações colocadas pelo povo, em geral, é que nós, religiosos e presbíteros, devemos *conduzir uma vida santa*. É claro que essa provocação merece crédito, porém, a nossa resposta não pode concordar apenas na parte que nos cabe. É necessário iniciar uma reflexão que vá aos princípios teológico-jurídicos sobre essa temática.

O supremo legislador da Igreja, ao situar o cânon 210 entre os direitos e deveres comuns, pretendia alargar a compreensão da busca da santidade, num compromisso que atinge a todos os fiéis cristãos, cada um na sua própria condição de pessoa. Além do mais, à guisa do Vaticano II, abre-se o leque da igual dignidade presente em todos os batizados em Cristo.

A vocação à santidade não é um privilégio de algumas categorias (LG 39). Ao contrário, é um caminho de perfeição, no itinerário de quem procura adequar a sua vida na busca constante, em "ser perfeito como o Pai celeste é perfeito" (Mt 5,48). Desse modo, foi superada a compreensão de que a santidade era reservada apenas aos religiosos e clérigos. Assim, confirma-se a verdadeira igualdade ontológica que existe entre todos os fiéis, em virtude de sua regeneração em Cristo. Todos os cristãos, desse modo, são chamados a inspirar-se em nossos santos, por exemplo, em Santo Agostinho, Santo Tomás de Aquino, São Francisco de Assis, Santa Clara, São Boaventura, Beato Duns Scotus, Santa Teresa d'Ávila, São João da Cruz, Beato Frei Galvão.

A busca da santidade não é abstração, mas deve "cumprir as diversas exigências que comporta a condição de vida e a vocação de cada um, através dos carismas e ministérios próprios" (cf. GHIRLANDA, 1985: 24). Implica nisso o compromisso de um empenho que ultrapasse a mera busca pessoal. A busca da santidade, quando vivida em comum, isto é, além das fronteiras do próprio eu, ou da *Igreja doméstica*, adquire um matiz comunitário, de partilha e cooperação no inteiro Povo de Deus. Alarga-se, assim, o conceito de santidade, incrementando o batismo dentro da *academia*, chamada *comunidade eclesial*.

Assim, o cânon 210 pode ser "aplaudido por incluir em sua fórmula não somente a obrigação de alcançar a santidade, mas também a obrigação de esforçar-se por incrementar a Igreja e promover sua contínua santificação"(CENALMOR, *Comentário exegético*, vol II/1:75).

4. O direito e o dever de anunciar o Evangelho

Reza o cânon 211 que todos os fiéis têm o direito e o dever de evangelizar. Isso é um *ius nativum* (direito natural), que é inerente ao batismo em Cristo.

Qual seria a função da hierarquia da Igreja em relação ao direito e dever de anunciar o Evangelho?

Esse direito, por si mesmo, não é uma concessão outorgada da hierarquia aos fiéis. Compete à hierarquia moderá-lo (cânon 223, § 2). O direito e o dever de anunciar o Evangelho fundamenta-se no mandato de Cristo, sendo que o apostolado torna-se uma consequência do batismo, como participação na missão redentora de Cristo e da Igreja. Esse direito e dever apresenta muitas manifestações, tais como o testemunho de vida, a participação na educação cristã e tantas outras facetas relacionadas ao apostolado na Igreja. A função da hierarquia consiste em apoiar-lhe, prestar--lhe os devidos auxílios espirituais, ordenar o seu desenvolvimento ao bem comum da Igreja e vigiar sobre a sua doutrina e ordem (AA 24). Isso não arroga à hierarquia, porém, o direito do monopólio da atividade apostólica. A sua função de moderação e coordenação justifica-se pela necessidade de organizar as multiformes possibilidades apostólicas de todos os fiéis no inteiro Povo de Deus, para que o anúncio do Evangelho não vire uma anarquia (DEL PORTILLO, 1991: 119).

Assim sendo, o direito e o dever do apostolado passam, necessariamente, pela comunhão com todos os pastores (cânon 209, § 1), para que sejam eficazes.

5. O dever da obediência cristã, o direito de manifestar suas necessidades aos pastores e à liberdade de expressão e de opinião pública

O cânon 212 desmembra-se em três parágrafos: o primeiro é sobre o dever de obediência cristã aos seus pastores; o segundo, sobre o direito de manifestar as suas necessidades e seus desejos; o terceiro, sobre o direito à liberdade de expressão e de opinião pública dentro da Igreja.

5.1. *O dever de obediência cristã aos seus pastores*

O fundamento basilar da obediência cristã aos seus legítimos pastores está vinculado ao dever da comunhão com a hierarquia, pois os sagrados pastores são os representantes de Cristo, na qualidade de mestres e reitores da Igreja (LG 37; PO 7).

Uma das perguntas que surgem imediatamente é: como deve ser essa obediência? Seria ela uma obediência cega, *cadavérica*?

Considerando o livre-arbítrio como princípio anterior, inclusive ao batismo, como parte integrante do ser humano; considerando a liberdade de investigação e de opinião, bem como o direito de dissensão, que é próprio do humano, e considerando que a teologia, caracterizada como ciência, deve ter um comportamento crítico diante de toda e qualquer afirmação dentro e fora da Igreja, essa questão não pode ser entendida como obediência *cadavérica*.

Por outro lado, tal dever de obediência não é exclusivo dos fiéis leigos. Ele incorpora os fiéis leigos, os religiosos e os fiéis clérigos. Por isso, seria melhor afirmar no contexto atual, de uma obediência *dialogada*. Essa obediência deve ser exercida em espírito de colaboração, correspondendo sempre a uma atitude de mútuo serviço a ser desempenhado pelo bem comum da Igreja (cf. DEL PORTILLO, 1991: 109-110). Assim, tal obséquio à hierarquia não resultaria desproporcional e oneroso para os fiéis cristãos.

Por outro lado, o dever da obediência ao Magistério, sobretudo no contexto da infalibilidade (cânon 749, § 1), envolve algumas condições:

1º) se são pronunciadas *ex cathedra* pelo papa, enquanto pastor e teólogo;

2º) se o seu ensinamento seja referente à *fé e aos costumes* da Igreja;

3º) se a sua doutrina é em caráter *definitivo*, isto é, que não induza ainda mais às dúvidas ou tergiversações aos fiéis.

A liberdade cristã, enquanto não fere o bem comum da Igreja, constitui um verdadeiro direito subjetivo do fiel, sendo um limite intransponível ao poder eclesiástico, que não pode e nem deve penetrar a sua esfera interna e temporal. Portanto, os pronunciamentos dos pastores não entram na esfera particular, nem no foro interno dos fiéis cristãos. Também não pode a obediência obsequiosa aos pastores ser contrária ao direito divino, natural ou positivo, ou que ultrapasse os limites de sua jurisdição (cf. HERVADA, 1987: 145). Ex.: um religioso consagrado que seja obrigado a prestar obediência ao seu bispo, em matéria que não seja de sua competência jurisdicional.

5.2. O direito de manifestar as suas próprias necessidades aos seus pastores

O poder de regime, em nome da hierarquia da Igreja, preside os fiéis em nome de Deus, tendo em vista a mútua edificação do Corpo Místico de Cristo (Cl 2,19; Ef 4,11-16). O matiz desse poder encontra a sua justa qualificação na dimensão do serviço a toda a humana criatura, sobretudo na visão do Concílio Vaticano II (cf. LÖHRER, 1965: 699-712). Daí, a importância e o dever da hierarquia de atender com solicitude às preocupações ou pedidos dos fiéis, em tudo o que se refere às exigências provenientes de sua vocação cristã e da sua função específica na Igreja (cf. DEL PORTILLO, 1991: 139). O melhor modo para conseguir e atender essas solicitações é o caminho do diálogo, que brota de uma relação familiar entre fiéis e pastores (LG 37).

É importante recordar que é um direito de todos os fiéis cristãos acorrer a seus pastores, para manifestar suas necessidades.

A quem os fiéis devem dirigir suas petições ou necessidades?

A autoridade competente para atender essas necessidades é sempre circunstancial à territorialidade. Exemplos: bispos, para os fiéis da diocese; párocos para os fiéis da paróquia; superior, para os religiosos consagrados de um determinado Instituto de Vida Consagrada ou Sociedade de Vida Apostólica. Os pastores ou superiores competentes têm a obrigação de escutar, analisar e deferir os desejos e iniciativas dos fiéis. No caso de não serem atendidos em suas reivindicações, os fiéis têm direito ao apelo, dirigido à instância superior.

5.3. O direito de manifestar aos pastores a sua própria opinião

É um direito natural de todo ser humano poder indagar livremente a verdade e expressar sua própria opinião. Também no Direito Canônico os fiéis podem formar e expressar retamente suas próprias opiniões aos seus legítimos pastores. Esse direito, além de ser um direito natural, fundamenta-se na participação ativa dos fiéis na missão do inteiro Povo de Deus, em respeito à igualdade fundamental, ao assenso da fé e aos carismas que devem ser exercidos na Igreja e no mundo (LG 12; AA 3).

Alguns requisitos fundamentais para a expressão dessas opiniões:

1º) As opiniões não devem ser manifestadas somente no contexto da hierarquia. São opiniões que devem ser reconhecidas perante todos os fiéis da inteira Igreja;

2º) O direito de opinião pressupõe a liberdade de formar seu próprio juízo em todas as matérias que não sejam definidas autenticamente pelo Magistério eclesiástico. Esse direito postula também o direito à informação de tudo o que é promulgado oficialmente pela Igreja. A esse direito corresponde o dever da hierarquia de informar seus fiéis em foro externo, sobre tudo o que acontece na Igreja, tendo em vista a participação ativa de todos os fiéis na atuação da comunidade eclesial;

3º) O direito de manifestar a própria opinião pressupõe o reto exercício na devida informação recebida. O correspondente parágrafo do cânon 112 é explícito, quando usa as palavras: *scientia* e *competentia*. A ciência envolve o conhecimento adequado. A competência, a participação ativa na vida da Igreja;

4º) A legitimidade no uso desse direito pressupõe "a integridade da fé e dos costumes e a reverência aos pastores". Está em jogo nessa questão o bem da Igreja em melhorar sua atuação, preservando-se, porém, a sã tradição de sua história. Opiniões errôneas, irreverentes ou imprudentes não contribuem em nada para o incremento da melhor prática eclesial. O diálogo franco, aberto e competente seria o melhor caminho no tratamento desse argumento;

5º) O fórum competente para a manifestação dessas opiniões são os legítimos pastores, diretamente, ou através de órgãos coletivos, a exemplo do Conselho Pastoral Diocesano ou o Conselho Comunitário;

6º) O direito de opinião comporta, por outro lado, o correspondente dever da hierarquia em facilitar os meios ao diálogo. Os pastores podem valer-se, inclusive, dessas opiniões como parecer consultivo ou deliberativo no concreto da vida eclesial, que deve sempre estar aberto à colaboração dos fiéis leigos, clérigos e religiosos.

6. O direito à ajuda espiritual, da Palavra de Deus e dos sacramentos

O direito à ajuda espiritual, da Palavra de Deus e dos sacramentos (cânon 213) é parte integrante da solidariedade, que deve haver na comunhão do inteiro Povo de Deus. O direito à ajuda integra dependência de valores sólidos na vida espiritual, que todos haurem de Cristo, como primeira e suprema fonte.

Os valores espirituais são meios necessários à salvação dos fiéis, dados por Deus à Igreja. Os ministros sagrados não são proprietários desses bens, porém dispensadores dos mesmos, como administradores colocados à frente do Povo de Deus, no ministério que lhes compete.

Dentre os diversos valores, destacam-se a Palavra de Deus e os sacramentos, como elementos catalisadores da praxe cristã. Esses elementos são canais de salvação, administrados, via de regra, pelos fiéis ordenados, no múnus de ensinar, santificar e reger que lhes são peculiares, enquanto ministros ordinários dos mesmos. Por outro lado, esses bens espirituais fazem parte da proposta que todo fiel cristão necessita em vista da sua vocação à santidade. Aqui, nem os clérigos, nem os religiosos são excluídos, porque todos precisam beber da mesma fonte, embora em estados de pessoas diferenciados. Sem esses bens, seria impossível conduzir uma vida em busca da santidade, conforme a prática espiritual de cada fiel. Esse interesse traz no bojo a habilitação de todos os fiéis de intervir junto aos seus pastores, para que esses bens sejam dispensados adequadamente. É o caso, por exemplo, de um fiel que solicita o Sacramento do Batismo e esse lhe é negado. Ou ainda, do fiel que solicita uma explicação plausível da Sagrada Escritura de um presbítero e não é atendido. É claro que nem sempre os fiéis estão aptos ao recebimento dos sacramentos ou ao entendimento da Palavra de Deus, pela carência de preparação. Todavia, permanece neles o direito a esses bens, que corresponde, da outra parte, ao dever de lhes dispensar tudo o que é necessário, inclusive a preparação que antecede à recepção desses auxílios espirituais. O não atendimento por parte dos ministros implica, por outro lado, no direito ao apelo ou ao recurso à instância superior. Para que isso seja evitado, o melhor caminho a seguir é o do diálogo aberto e franco, entre os fiéis ordenados e os fiéis não ordenados, para que haja uma busca sincera, empenhada e qualificada dos valores que permeiam a vida de todos os batizados em Cristo.

7. O direito ao próprio rito no culto divino e à própria espiritualidade

O direito ao próprio rito (cânon 214) tem o seu fundamento no princípio da variedade e formas de se expressar, oriundo do patrimônio espiritual, teológico e litúrgico de um determinado grupo de fiéis. O rito é a manifestação externa, ou seja, a vivência de valores que brotam de uma tradição eclesial, reconhecida pela Igreja Católica. A tradição eclesial da Igreja Católica inclui, além do rito latino, cinco tradições orientais: a alexandrina, a antioquena, a armênia, a caldaica e a bizantina.

Quando se fala em rito aprovado pelos legítimos pastores da Igreja, não significa que os ritos iniciaram-se com a aprovação eclesial. Entende-se, porém, como reconhecimento desses valores pela Igreja, de costumes vividos por gerações anteriores ou paralelas ao rito latino, desde que houvesse comunhão com a Igreja católica, no depósito comum da fé, que lhe foi legado por Cristo e pelos apóstolos.

O batismo numa das Igrejas orientais é porta de entrada, que identifica o fiel na inscrição num determinado rito. A inscrição depende dos pais, se o batismo é feito enquanto criança. Porém, se a pessoa é batizada como adulta, a partir dos catorze anos de idade, compete a ela escolher o rito de sua inscrição numa determinada Igreja (tradição).

O direito à própria espiritualidade deriva do batismo e da inscrição num determinado rito. O fundamento basilar de tal asserção tem suas raízes na vocação universal à santidade, que brota e se desenvolve no próprio batismo. Visto por outro ângulo, o direito à própria espiritualidade é a aplicação do direito à liberdade religiosa dentro da Igreja (GS 2; DH 2). Enquanto direito à liberdade religiosa, porém, há de se considerar a imunidade à coação. Todo ser humano, na medida em que é batizado numa Igreja, deve ser respeitado em suas convicções e práticas religiosas, não podendo ser impedido dessa prática ou induzido a mudar de Igreja, rito ou espiritualidade, por nenhuma das outras denominações cristãs. Aqui está em jogo a convicção, fruto de um estudo rigoroso e aberto ao diálogo, no confronto com outras religiões ou denominações religiosas. Não se deve confundir ecumenismo com igualdade, ou práticas religiosas levianas, ausentes de sólidos fundamentos, oriundos dos mananciais espirituais do próprio rito.

Portanto, o direito ao próprio rito e à própria espiritualidade devem ser respeitados, assim como se respeita a opção por outras igrejas ou denominações religiosas. Cristo é maior que um rito ou Igreja. Porém, somente se conhece e se vivencia um rito e uma espiritualidade praticando-os com profundidade.

8. O direito à associação

As primeiras comunidades cristãs acolheram o mandato de Cristo, como proposta-base à associação de fiéis. Perseverantes na doutrina dos apóstolos, na fração do pão e na oração, esses fiéis colocavam tudo em comum, para melhor desempenhar a sua missão (At 2,42-47).

O Concílio Vaticano II recomendou a associação de fiéis, na modalidade de grupos, em especial aos grupos laicais, por se tratar de um caminho ideal ao exercício de seu apostolado (AA 18). Os presbíteros também são recomendados pelo concílio a viverem na comunhão do ministério, a reunirem-se, de quando em quando, através de encontros, reuniões periódicas. O decreto sobre a ordem dos presbíteros incentiva "com alta estima e diligente promoção as associações" (PO 8).

No entanto, é o atual Código que melhor sistematiza essa matéria sobre as associações e reuniões (cânon 215). Trata-se de um direito fundamental, em virtude da comum participação de todos os fiéis na missão da Igreja. A missão salvífica da Igreja não é feudo exclusivo da hierarquia, porém é confiada a todos os batizados, que vivem em comunhão com a mesma e a edificam mutuamente. Quando se fala em fiéis, o legislador competente inclui a todos, não se referindo apenas a leigos, a clérigos ou a religiosos. Além do mais, o referido cânon é claro ao afirmar que os fiéis têm o direito de "fundar e dirigir" associações. Aqui entra a capacidade, em base ao batismo, ao *munus regendi*, que não é exclusivo dos fiéis ordenados. Reserva-se aos fiéis ordenados somente aqueles ofícios ou ministérios que requeiram o Sacramento da Ordem como pré-requisito. O Papa João Paulo II incentiva essas associações, sobretudo as laicais, porque elas incrementam o espírito de colaboração e de corresponsabilidade no apostolado da Igreja (cf. PAPA JOÃO PAULO II, 1979, n. 5).

As associações de que aborda o cânon 215 têm a sua razão de ser nas finalidades que lhe são peculiares. Elas destinam-se aos "fins de caridade e piedade, ou para favorecer a vocação cristã no mundo". São associações destinadas à promoção humana, obras de caridade, ou ainda, as associações que se destinam ao incremento da piedade (grupos de oração, adoração ao Santíssimo, reflexão bíblica, grupos vocacionais permanentes).

As associações de fiéis estão configuradas no Livro II do atual Código, dos cânones 298 a 329. Essa matéria é desmembrada na normativa comum (cânon 298-311); na normativa sobre as associações públicas (cânon 312-320); na normativa sobre as associações privadas (cânon 321-326) e na normativa sobre as associações laicais (cânon 327-329).

Estão excluídos das associações de fiéis, embora haja muita semelhança com as mesmas, os membros dos Institutos de Vida Consagrada (Religiosos e Seculares) e as Sociedades de Vida Apostólica. Também estão excluídas dessa modalidade jurídica as outras associações comuns de pessoas, não reconhecidas pela Igreja.

Assim sendo, abordaremos brevemente a seguir a matéria referente às associações públicas e às associações privadas.

8.1. As associações públicas

De acordo com o cânon 301, § 1, cabe unicamente à autoridade eclesiástica competente erigir associações de fiéis que se proponham ensinar a doutrina cristã em nome da Igreja ou promover o culto público.

O caráter público dessas associações tem o seu eixo central na constituição das *pessoas jurídicas públicas* (cânon 116, § 1), devidamente constituídas pela autoridade competente da Igreja, desde que cumpram as finalidades que lhe são inerentes, tendo em vista o bem público da Igreja. Todas as demais pessoas jurídicas são privadas.

O que está em jogo nessa definição de pessoa jurídica pública é a *utilitas*, ou seja, a finalidade dessas entidades, que não estão confinadas aos interesses das pessoas, enquanto indivíduos associados entre si, porém, uma *utilidade* pública. Por outro lado, a publicidade dessas instituições vai além de um direito privado de seus fiéis. Esse direito torna-se público, porque é amparado e reconhecido pela Igreja universal. Vista por outro ângulo, a publicidade dessas instituições favorece o empenho e a missão de todos os associados na participação da redenção no mundo inteiro, de acordo com o estado e a condição de cada fiel cristão (AA 2). É um direito e um dever nativo de todos os fiéis, recebido no batismo, para participar na missão salvífica da Igreja. Incumbe aos pastores da Igreja, por sua vez, organizar em modo genuíno tudo aquilo que receberam do Espírito do Senhor, a serviço do que é bom para toda a Igreja (AA 3; LG 12; 30-31).

Vistas nesse contexto, as associações públicas são erigidas pela autoridade competente da Igreja (cânon 312). As associações públicas de caráter universal e internacional são erigidas pela Santa Sé. As associações públicas nacionais são erigidas pela Conferência Nacional dos Bispos. As associações públicas diocesanas, pelo ordinário do local (bispo). Quando se trata de uma associação ligada ao Instituto religioso, exige-se, além do decreto de ereção da autoridade do Instituto, o consentimento por escrito do bispo diocesano.

Com o decreto de ereção, todas as associações dessa categoria adquirem, pelo próprio direito, personalidade jurídica (cânon 313). Para tanto, requer-se das mesmas a prévia aprovação dos estatutos, da autoridade competente que a erige (cânon 314). Os seus estatutos devem prever o modo de agir de seu moderador como assistente eclesiástico e as suas incumbências. Sendo pessoas jurídicas públicas, as associações agem em nome da Igreja, podem administrar seus próprios bens temporais, de acordo com suas finalidades específicas e são pela Igreja amparadas. A autoridade competente da Igreja confere à entidade a missão de seu escopo em modo oficial, para que a referida entidade aja em nome da Igreja, prestando-lhe o devido serviço a que foi constituída. Daí o motivo de serem entidades públicas, oficialmente, e terem que passar pelo crivo da autoridade competente em toda a sua configuração jurídica. Quando se fala em agir em nome da Igreja, não se trata de uma camisa de força que cerceia a atividade dessas entidades. Trata-se, sim, de uma coordenação central que as capacite no estímulo, promoção e favorecimento de suas iniciativas, de acordo com a justa liberdade que lhes compete (cf. COMMUNICATIONIS, 1986: 232).

8.2. As associações privadas

Reza o cânon 322 que "uma associação privada de fiéis pode adquirir personalidade jurídica mediante decreto formal da autoridade eclesiástica competente, mencionada no cânon 312".

No confronto com as associações públicas, significa que a liberdade dos fiéis em se associar em modo estável (associações privadas) é mais ampla do que o reconhecimento ou não da autoridade competente da Igreja. Contudo, o objeto central desse cânon é a questão da *personalidade jurídica*. Se houver interesse em adquirir a personalidade jurídica, é preciso que as associações privadas apresentem seus estatutos à autoridade competente, para que sejam por ela aprovados (cânon 322, § 2; 299, § 3).

Considerando essa liberdade das associações privadas, de acordo com o ordenamento jurídico (cânon 322, § 1), depende delas a questão da personalidade jurídica ou não, a ser reconhecida pela Igreja. Se são simples associações privadas, pode até haver o seu reconhecimento pelo Estado, sem que necessariamente obtenham da Igreja o seu reconhecimento e personalidade jurídica. Porém, se o desejarem, devem apresentar seus estatutos para que sejam reconhecidos pela autoridade competente da Igreja. A finalidade desse reconhecimento é evitar o caminho paralelo que uma associação de fiéis, embora privada, possa empreender.

As associações privadas designam livremente os seus próprios organismos de coordenação e moderação (governo), segundo suas normas estatutárias. Podem ainda livremente escolher, se o desejarem, um conselheiro espiritual dentre os sacerdotes da diocese, porém com a confirmação do ordinário local (cânon 323, § 2). A confirmação do ordinário não é na perspectiva de coerção autoritária, mas na perspectiva do bom serviço que tal sacerdote possa prestar a essas associações.

A extinção de uma associação privada acontece de acordo com o que determinam seus estatutos próprios. A autoridade competente da Igreja somente entra para extingui-la, caso as suas atividades resultem "em grave dano para a doutrina ou a disciplina eclesiástica, ou é de escândalo para seus fiéis" (cânon 326, § 1).

9. O direito de promover e sustentar a atividade apostólica

Jesus escolheu os apóstolos e lhes deu a missão de levar o Evangelho a toda a humana criatura (Mt 10,1-10). Esse convite foi estendido mais tarde a todos os fiéis batizados em Cristo. A missão brota do próprio batismo, que deve crescer e incrementar-se através da evangelização.

No contexto do cânon 216 estão incluídos todos os fiéis cristãos. Cada um, de acordo com o seu estado de vida, recebeu esse *direito originário* de promover e sustentar a atividade apostólica da Igreja. É direito originário, "porque não deriva de uma concessão ou de uma delegação da autoridade eclesiástica, porém do batismo e da confirmação, que o torna 'participante da missão da Igreja'" (CHIAPPETTA, *Il Codice*, vol. I: 312).

Portanto, o apostolado cristão não é monopólio dos ministros sagrados ou dos religiosos consagrados. Os fiéis leigos, por sua vez, são chamados a cooperar com os clérigos e religiosos, colocando-se à disposição da hierarquia da Igreja, para prestar um serviço nas várias iniciativas eclesiais. Exemplos: atividades editoriais, centros educativos e esportivos, nas comunicações de jornais, rádio e televisão. Essas iniciativas podem ser proporcionadas através de associações ou singularmente, de acordo com a concessão da hierarquia da Igreja (AA 24).

10. O direito à educação cristã

Partindo do ponto de vista teológico, o batizado, pelo fato do batismo em si, adquire o direito natural de receber da Igreja os ensinamentos e a formação necessária para o amadurecimento da vida cristã. Ele transforma-se em discípulo de Cristo. Por isso, não pode receber a palavra de fé mutilada, falsificada, diminuída, porém completa e integral, com todo o seu vigor (cf. PAPA JOÃO PAULO II, *Catechesi Tradendae*, n. 14 e 30).

O direito à educação é um retorno ao Concílio Vaticano II. Essa educação visa a maturidade humana (GE 2), sobretudo quando a educação cristã consegue desenvolver os dotes físicos, morais, intelectuais para o senso de responsabilidade e de liberdade, proporcionando ao sujeito a inserção e a participação na vida social e eclesial (cânon 795).

Considerando que é um direito de todo o batizado em Cristo na Igreja (cânon 217), a quem compete o dever de favorecer os meios para atingir essas metas?

Em primeiríssimo lugar, compete aos genitores curar a educação cristã de seus filhos (cânon 226, § 2). Em seguida, compete às autoridades da Igreja organizar os meios necessários para que essa educação recebida na "Igreja doméstica" seja incrementada. Ao bispo diocesano compete propor e explicar as verdades da fé, através da pregação, sobretudo pela homilia e pela coordenação da catequese (cânon 386, § 1). Depois, compete ao pároco organizar e otimizar a proposta da diocese, fazendo com que a Palavra de Deus seja integralmente anunciada na catequese e nas escolas paroquiais (cf. ainda os cânones 793 a 806) que porventura houver em seu território de atuação. Compete a ele também proferir a homilia dominical e nos dias de festa da Igreja (cânon 528, § 1).

Em relação às escolas e colégios católicos, mantidos pela Igreja, cabe aqui uma reflexão: será que essas instituições estão realmente interessadas na formação integral de seus membros, nas verdades da fé e a formação integral do ser humano? Quem tem acesso, hoje, nas escolas, colégios e faculdades mantidas pela Igreja?

11. O direito à liberdade de investigação e de opinião

O direito abordado pelo cânon 218 refere-se a todos os fiéis cristãos, independentemente da categoria dos batizados (clérigos, religiosos, leigos). Esse cânon é ressonância da liberdade conciliar, expressa na Constituição pastoral *Gaudium et Spes*. O número 62 da referida constituição exorta todos os teólogos ao maior aprofundamento das ciências, da história e da filosofia, para que possam dar respostas convictas às exigências da fé, na abordagem teológica.

As *ciências sagradas* são as ciências da fé, relacionadas à Sagrada Escritura, Teologia, História Eclesiástica, Moral e Direito Canônico. Os teólogos exercem uma função importantíssima no certame dessas ciências (cf. PAPA PAULO IV, Discurso ao Congresso Internacional de Teologia do Concílio, 01/10/1966). Porém, é necessário que a investigação seja permeada pela justa e efetiva liberdade. A *liberdade* não pode ser confundida com *autonomia*. A autonomia, quando não é bem entendida, pode ser causa de contenda, equívocos ou polêmicas no meio dos próprios fiéis ou na compreensão dos fiéis de outras denominações ou religiões. O cânon em foco, além de apresentar esse direito, dá também o critério da manifestação da opinião, enquanto peritos nas áreas do saber teológico, desde que essa opinião seja manifestada "com prudência... conservando o devido obséquio para com o magistério da Igreja". *Obsequiar* significa prestar obséquios, serviço com agrado, com cortesia e afabilidade a outrem. No caso, significa prestar um serviço à verdade, sem ser dono dela ou ser contra os coordenadores do depósito da salvação. O depósito da salvação não é feudo esclusivo do magistério. Porém, o magistério tem a incumbência de bem preservá-lo, contra toda e qualquer tentativa exacerbada de autonomia e libertinagem. O serviço de coordenação, exercido pelo magistério da Igreja, deve ser visto não como domínio, mas como ministério, para preservar o bem comum, ancorado na Sagrada Escritura e na sã Tradição da Igreja.

É de bom alvitre lembrar que, em se tratando de matérias de fé e costume, para serem publicadas, ocorre pedir a licença da autoridade competente da Igreja (cânon 823s.). A *licença* é a faculdade concedida ao autor, para que ele possa publicar tal matéria, sem necessariamente que haja um conhecimento prévio e a censura do escrito. Aqui basta que a autoridade competente tenha confiança na pessoa do autor. Já a *aprovação* é o ato da autoridade competente, no qual se reconhece explicitamente que um determinado escrito é bom e está de acordo com a fé e os costumes da Igreja. Exemplo: A aprovação do ordinário local (bispo) para publicar catecismos, ou outro escrito destinado à formação catequética, bem como a livros relacionados à Sagrada Escritura, Teologia, História Eclesiástica, disciplinas religiosas ou morais e Direito Canônico (cânon 827).

12. O direito de imunidade de coação na escolha do estado de vida

O cânon 219 traz à tona um dos direitos naturais da pessoa humana, ou seja, o direito de escolher livremente o seu estado de vida, diante da sociedade em geral e da Igreja (GS 26).

Esse direito, sendo incorporado nos direitos e deveres de todos os fiéis, é o fundamento de todo e qualquer chamado à vocação cristã. Escolhendo um determinado estado de vida, a pessoa consegue realizar o projeto que Deus lhe confiou, no chamado, tendo em vista a sua realização pessoal, familiar e comunitária.

O direito fundamental ao próprio estado de vida da pessoa faz com que ela seja, por conseguinte, coerente com a sua escolha dentro da Igreja, de acordo com os requisitos desses estados e a sua devida liberdade dentro do Código.

Além do mais, cada estado traz no bojo ainda a liberdade relativa à sua condição, ou seja, à vida secular, religiosa, clerical, matrimonial, solteira ou celibatária, sempre de acordo com a normativa que lhe é peculiar dentro do Código.

Considerando que a liberdade de escolha é sagrada, não pode essa ser coagida por forças externas, como era costume no passado ou no presente de algumas sociedades, no estilo patriarcal ou matriarcal. A Igreja procura tutelar a liberdade humana e cristã, para que os seus fiéis não sejam constrangidos pela violência, pelo dolo, pelo engano, pelo temor ou medo.

O direito em foco implica, por outro lado, nos pré-requisitos inerentes ao estado de vida na Igreja, que ao mesmo tempo são deveres a serem observados. Desse modo, justas e razoáveis causas podem impedir ou tornar nula a escolha abraçada pela pessoa. Exemplos: ordenação forçada (cânon 1026); matrimônio sem o devido consentimento das partes (cânon 1057, § 1) ou contraído com violência (cânon 1103); admissão ou profissão inválida ao noviciado por impedimento de idade, vínculo matrimonial, vínculo a outro Instituto ou Sociedade de Vida Apostólica, por violência, medo grave ou dolo (cânon 643, § 1; 656). Contudo, resta sempre à pessoa o respeito inviolável ao direito de liberdade de escolha, imune de coação em seu estado ou condição de vida.

13. O dever de não lesar a boa fama nem violar o direito à própria privacidade

A normativa do cânon 220 é parte integrante da Carta dos direitos humanos universais, os direitos comuns de todos os seres humanos, respeitados e tutelados, na adequação de cada povo ou nação. É uma retomada do Vaticano II, no que concerne ao respeito pelo bom nome, a boa fama, a vida privada e tudo o que é necessário para bem conduzir a vida humana (GS 26).

A estima, a boa fama e a privacidade são valores a serem respeitados por todos os fiéis, batizados em Cristo. Os fiéis são exortados pela Igreja a testemunhar em suas vidas a esperança e a fidelidade a esses valores, sempre no contexto da mútua estima (UR 12). A mútua estima não se reporta apenas às qualidades humanas dos fiéis. Sobretudo estão vinculadas às virtudes cristãs, favorecidas pela integridade da fé e a permanência na comunhão eclesial. Assim, a boa fama do ser humano e, acima de tudo, dos cristãos, não pode ser lesada por acusações infundadas em relação ao comportamento e à ética cristã.

O foro íntimo da pessoa humana não pode ser violado por ninguém. Desse modo, todos os fiéis cristãos têm o direito de viver a sua relação pessoal com Cristo, isentos de toda e qualquer interferência por parte de seus irmãos na fé ou até mesmo pela autoridade eclesiástica. Aliás, o que existe de mais precioso ainda na Igreja é o direito à privacidade, ao sigilo sacramental, que não pode ser violado, nem mesmo pelo assistente espiritual. Inclusive, os fiéis têm direito à escolha do próprio confessor (cânon 991) e esse, por sua vez, não pode interrogar os seus penitentes, além das questões abordadas em confissão, sempre com prudência e discrição. Exemplo: O sacerdote, nas perguntas feitas ao penitente, deve considerar a sua condição e idade, abstendo-se de perguntar o nome do cúmplice no pecado cometido (979).

Aqui, valeria a pena provocar uma reflexão sobre a confissão de mafiosos, bem como os homossexuais, travestis ou outros tipos de pessoas, que vivem a sua opção de vida privadamente, em foro interno e nem por isso são excluídos da confissão sacramental.

Por outro lado, preserva-se o direito de toda e qualquer pessoa de ser acusada, em modo infundado, denegrindo-se assim a sua fama e privacidade pessoais.

14. O direito à proteção legal no próprio foro eclesiástico

A proteção legal (cânon 221), em vista da justiça, tem sua ressonância no direito romano (*Digesto*, 50, 16, 131, I), bem como no direito medieval (*Magna Carta*, do Rei João da Inglaterra – 1215), nas fases sucessivas do direito civil e internacional, com a *Declaração dos Direitos Humanos* (Virgínia – 1776), na *Declaração dos Direitos Humanos e do Cidadão* (Assembleia Nacional da França – 1789, art. 7) e na *Declaração Universal dos Direitos Humanos* (ONU – 1948), reconhecida pela maioria das nações.

Por outro lado, o princípio da legalidade mira a quem viola uma lei divina, civil ou eclesiástica. Porém, a sua aplicabilidade no contexto Igreja releva sempre presente o princípio da *salus animarum* (cânon 1752). O princípio da aplicação menos rigorosa a quem viola uma norma divina ou canônica somente procede se há urgência em reparar um escândalo. Uma pena não pode ser infligida ao culpado se não é prevista nenhuma lei para aquela culpa cometida (cânon 1399). Aqui vale o princípio comum: *nullum crimen, nulla poena sine praevia lege*. Como consequência, na violação externa de uma lei ou preceito, seja anexada uma pena de acordo com essa lei (cânon 1321). Visto de outro ângulo, exclui-se a aplicação do direito supletivo nas matérias penais (cânon 19), ou seja, a sua aplicação sempre depende da equidade canônica ou, em certos casos, da epiqueia.

Não se pode esquecer que o cânon 221 também tem seu alicerce no Sacramento do Batismo. A partir desse sacramento, todos os fiéis passam a gozar de direitos e deveres na Igreja, inclusive de haver um foro eclesiástico competente para julgar suas causas, na qualidade de fiéis cristãos. Essa prerrogativa foi alargada e mitigada no que concerne ao direito penal e processual, em relação ao Código de 1917. Houve um grande progresso, com significativos elementos inovadores, sempre a favor da pessoa humana.

15. O dever de ajudar a Igreja

A Igreja, desde o início de sua missão, sempre esteve preocupada com as suas múltiplas atividades, relacionadas à manutenção do clero, do culto divino e das obras de caridade (cânon 222). Para cumprir essas finalidades, já nos primeiros séculos, a Igreja dependia de seus fiéis. Nas primeiras comunidades formadas e organizadas pelo Apóstolo Paulo, os cristãos eram orientados a fazer doações, em alimentos ou em espécies, para que a partilha de todos pudesse implementar a missão da Igreja. Nesse contexto, a Igreja, enquanto coordenadora do Povo de Deus, assimilou o direito de exigir de seus fiéis o suficiente e o necessário para cumprir suas específicas finalidades (cânon 1260). Logicamente que ao direito da estrutura eclesial corresponde o dever dos fiéis, que ao mesmo tempo é obrigação, de contribuir com sua disponibilidade pelo bem do inteiro Povo de Deus. Incumbe ao bispo diocesano promover e exigir que esse direito seja cumprido (cânon 1261, § 2).

De acordo com a normativa dos cânones 264 e 1263, o bispo diocesano pode solicitar algumas contribuições a favor do seminário diocesano e da diocese.

Sobre as *doações espontâneas*, os fiéis têm a plena liberdade de:

1) Deixar os seus bens temporais livremente para a Igreja (cânon 1261, § 1), ou doar esses bens para as causas pias, seja pelo ato *intervivos*, seja por ato *mortis causa* (cânon 1299, § 1).

2) Observar as disposições do direito civil nos atos de *mortis causa*, sempre a favor de sua última vontade, estabelecida no testamento (cânon 1299, § 2).

É interessante recordar que antes de toda e qualquer decisão de aceitação por parte da Igreja é necessário fazer uma auditoria sobre esses bens, para constatar se não são meros *ninhos de marimbondos*. Sói acontecer que muitos desses bens não sejam suficientes para pagar impostos e taxas atrasados, ou quando não estejam hipotecados, causando entraves na hora da transferência legal da propriedade.

O dever de promover a justiça social deriva da partilha e comunhão, oriundo do fundo criado, de acordo com o parágrafo anterior. É uma espécie de dever de *direito natural*, que obriga todos os cristãos em função da fraternidade universal, que brota da solicitude caritativa em Cristo.

Durante a sua milenar caminhada, a Igreja sempre demonstrou o seu lado materno a favor dos necessitados, dos sofredores, dos excluídos do sistema, dos que não têm sua dignidade humana respeitada. Assim, foram aos poucos surgindo instituições de caridade em favor dos miseráveis do sistema. A maioria dessas obras é confiada aos cuidados pastorais e administrativos dos párocos (cânon 529, § 1), dos institutos de vida consagrada (cânon 640) e também da iniciativa dos clérigos, na partilha de seus bens com os mais necessitados (cânon 282, § 2).

No Brasil, sobretudo nos últimos anos, urge fazer cadastros dos pobres, para constatar as suas reais necessidades, em prol da filantropia. São inúmeras as iniciativas de promoção humana, que o Estado delega às entidades filantrópicas e cobra delas a seriedade na condução e controle no justo modo de fazer filantropia. As entidades filantrópicas são isentas de uma série de impostos e taxas, porque não visam o acúmulo de riquezas e sim a caridade humana com seus recursos acumulados. Elas não estão proibidas de auferir lucros, desde que apliquem a proporção de 20% de suas receitas em filantropia. Por outro lado, os governantes *lavam suas mãos*, não aplicando os recursos oriundos dos impostos e taxas, que seriam destinados à promoção humana dos mais necessitados da sociedade.

De acordo com os ensinamentos do Vaticano II, todos somos impelidos a promover o desenvolvimento das regiões mais necessitadas, criando uma confraternização de todos os bens ao serviço da humana criatura, na solidariedade e justiça social de todas as nações (GS 90). É preciso despertar em todos os seres humanos, particularmente em cada cristão, o senso da solidariedade globalizada. Só assim haveria um novo Céu e uma nova Terra na humanidade.

16. O dever de respeitar o bem comum e a autoridade eclesiástica

Alguns direitos individuais têm um valor irrenunciável, porque são fundamentados no direito moral (pessoal), no direito natural ou no direito positivo.

Esses direitos e deveres pertencem a uma ordem superior de valores, que jamais poderão ser sacrificados. Esses direitos e deveres têm prevalência sobre o bem comum, caso haja conflito com os mesmos.

Porém, na Igreja, praticamente não acontece um sério confronto entre os direitos pessoais e os direitos comunitários, uma vez que os direitos e deveres individuais confluem para o bem comum de toda a comunidade do Povo de Deus (cânon 223). Eles miram a satisfação de interesses privados, contudo tendem essencialmente a uma finalidade sobrenatural, sempre relacionada ao bem comum, promovendo a justiça e a humanidade com todos os membros do Povo de Deus (DH 7).

Assim sendo, ninguém está autorizado a agir apenas em nome pessoal na Igreja. Quando são respeitados os direitos e deveres pessoais, o bem comum é enobrecido no todo das liberdades e responsabilidades, a serem partilhadas na comunidade.

O segundo parágrafo do cânon 223 é imprescindível, porque dá o critério para conduzir o exercício dos direitos e deveres de todos os fiéis na Igreja. Cabe à autoridade eclesiástica competente moderar e assegurar o reto exercício desses direitos e deveres. A finalidade da moderação é para evitar eventuais abusos. Por outro lado, a moderação da autoridade não significa arbitrariedade da mesma, de acordo com sua vontade ou poder. A moderação também segue os critérios da Igreja. A autoridade eclesiástica não é dona desses direitos ou deveres, mas está a serviço dos mesmos, para que haja harmonia entre os aspectos pessoais e as exigências do bem comum.

Portanto, os direitos e deveres de todos os fiéis cristãos devem ser respeitados e efetivados, desde que haja respeito e aplicabilidade dos mesmos, de acordo com os princípios normativos do Código.

II
Os direitos e deveres dos fiéis leigos e leigas

O texto apresentado pela Constituição sobre a Igreja define fiéis leigos como sendo todos os fiéis cristãos, com exclusão dos membros do estado clerical e do estado religioso, que são incorporados ao Povo de Deus pelo batismo, que são participantes do múnus sacerdotal, profético e régio de Cristo. Exercem o tríplice múnus de Cristo na Igreja e no mundo, no papel e na missão que compete a todo o povo cristão (LG 31).

Vivendo no mundo, esses fiéis são dirigidos pelas normas gerais da vida cristã. Pertencem ao Povo de Deus, mas não pertencem à hierarquia da Igreja, nem fazem parte do estado religioso aprovado pela Igreja. O escopo desses fiéis leigos é conseguir a vida de santidade cristã e a glória de Deus naquilo que lhes é peculiar como atividade secular. Nesse sentido, participam no mundo (cf. SCHILLEBEECKX, 1965: 962), sendo inseridos nas atividades seculares que lhes são peculiares.

Nesta definição, pode-se encontrar um elemento positivo e um elemento restritivo. O elemento positivo é a incorporação à Igreja como Povo de Deus. O elemento restritivo é o fato de não pertencerem à hierarquia e nem ao estado religioso. Em resumo, os fiéis leigos não são nem clérigos e nem religiosos (cf. SCHILLEBEECKX, 1965: 959-962).

Outro elemento de grande relevo na definição da *Lumen Gentium* é a qualificação cristã do fiel leigo, ou seja, a sua identidade diferente dos demais leigos da sociedade comum. A atividade laical, nesse sentido, tem a finalidade de colaborar na missão da Igreja no anúncio do Evangelho de Cristo em todo o mundo. No passado, falava-se de uma "sociedade desigual", ou seja, a Igreja era predominantemente clerical, colocando de um lado os valores supremos da hierarquia (cf. DÍAZ MORENO, 1989: 39), e de outro, os valores do mundo secular. Essa hierarquia de valores está em vias de extinção após o Vaticano II. Nesses últimos decênios ela foi substituída pela grande unidade diferenciada. Nessa unidade diferenciada, o elemento secular não anula o elemento hierárquico nem o elemento religioso, mas os papéis e funções de cada elemento da diferença conjugam-se no serviço pela harmonia do todo (cf. SESBOÜÉ, 1998: 115).

A expressão "santificam o mundo a partir do seu interior" tem uma dupla função no texto da *Lumen Gentium*. Significa que os leigos são inseridos na Igreja e no mundo. Esta dupla função engloba a relação com o mundo secular e a participação dentro da Igreja, através da sua missão no Povo de Deus. Esses fiéis são envolvidos nas funções civis (seculares), bem como nas funções primárias do contexto eclesiástico. O seu distintivo, em primeiro lugar, é a *laicitas, saecularitas*. Esta laicidade não pode ser confundida com "laicismo" ou "secularismo". O laicismo, ou o secularismo, incorpora todos os leigos em geral, enquanto a secularidade laical é específica da identidade dos fiéis leigos. Esta identidade consiste na relação religiosa e cristã com o mundo. Depende sempre do seu envolvimento no mundo, não como simples leigos, mas como leigos cristãos, que trazem na fronte a marca registrada da sua incorporação no Povo de Deus, através do batismo cristão. A sua identidade consiste em ser fermento no meio da massa, sal da terra e luz do mundo (Mt 5,13-16), deixando a impressão cristã em todos os seus afazeres.

O simples leigo pode agir no mundo sem a sua identidade cristã. É o caso concreto, por exemplo, do trabalho de quem semeia a terra, que mesmo fazendo bem o seu trabalho de semeador não deixa a sua marca registrada, ou do engenheiro agrônomo, que faz a terra produzir de acordo com a tecnologia moderna, ou do comerciante, que se dedica nas atividades comerciais de acordo com as regras da economia de mercado, ou do governante de uma nação politicamente organizada. Em todas essas e outras atividades, o mero trabalho do leigo, mesmo sendo feito em prol do bem comum da sociedade, não passa de um trabalho profano (cf. CHENU, 1965: 983).

Depende sempre do modo como os fiéis leigos se relacionam com as coisas. Podem agir simplesmente como leigos, ou como leigos cristãos. No modo de ser cristão, os fiéis leigos imprimem o seu caráter de membros efetivos da Igreja. Como membros efetivos, participam e cooperam com os fiéis clérigos em todas as atividades que lhes podem ser confiadas. Nisto consiste a sua pertença e missão na Igreja.

A segunda função dos fiéis leigos é a sua colaboração mediante a missão religiosa na Igreja, mesmo não exercendo um ofício específico dentro dessa (cf. SCHILLEBEECKX, 1965: 965-966). Eles não pertencem nem ao estado clerical, nem ao estado religioso. É peculiar da vocação laical gerir as coisas do mundo, no seu tratamento, ordenando-lhes segundo a vontade de Deus, para que o mundo retorne a Deus, assim como foi criado na sua origem. A mútua relação de dar e receber, na sua inserção no mundo, cria ao mesmo tempo uma relação de santificação do mundo (cf. SESBOÜÉ, 1998, 117). A vocação própria dos fiéis leigos é um constante desafio em "humanizar o mundo conforme a vontade de Deus" (SCHILLEBEECKX, 1965: 968) e de se humanizar com o mundo. Humanizar o mundo e ser humanizado por ele não significa "sacralizar" o mundo. Implica, sim, o ato de conservar íntegro aquilo que se recebeu gratuitamente de Deus. Não se trata de atos cultuais ou cultualizantes, mas de encarar a vida cotidiana como ela se apresenta e devolver ao mundo o seu verdadeiro sentido, como foi criado por Deus (cf. CHENU, 1965: 992). Significa descartar do processo de humanização qualquer resquício de "clericalismo". A sua finalidade é a santificação do mundo a partir da condição que lhes é própria (LG 31).

Seria inútil elencar aqui toda a gama de tarefas que lhes são peculiares enquanto fiéis leigos. Basta recordar, por exemplo, o grande papel do fiel leigo dentro da família, enquanto componente essencial de uma nova sociedade, a *Igreja doméstica*. A função do fiel leigo no ambiente familiar é constituir essa primeira célula da sociedade, fazendo com que a mesma seja um santuário doméstico, que prepara os seus membros à boa participação na vida da Igreja (AA 11).

Com a nova abertura, favorecida pelo concílio aos fiéis leigos, ampliou-se a concepção de Igreja (cf. DÍAZ MORENO, 1989: 40-46). Hoje, os fiéis leigos são convocados ao compromisso sério da cooperação com os fiéis clérigos. Caso contrário não realizam o projeto de Deus, que lhes foi confiado no momento do batismo. A *sanctificatio mundi* exige de todos os fiéis uma compreensão ampla do novo modo de ser Igreja no momento atual da história. Significa que "o mundo não é campo exclusivo do leigo e que o leigo não é um feudo exclusivo do 'mundo'" (KOSER, 1965: 998). Se o mundo fosse um feudo exclusivo dos fiéis leigos, qual seria a função dos fiéis clérigos no processo de evangelização do mundo e no mundo? E se a Igreja fosse feudo exclusivo dos fiéis clérigos, como os fiéis leigos poriam em prática a função santificadora em base ao seu batismo? Assim, somente no momento em que tanto uns como outros despertarem para a consciência de Igreja como

Povo de Deus, ambos constituirão um único rebanho de Cristo, na mútua santificação do mundo. Os fiéis leigos, nesta compreensão, não são mais considerados intermediários entre a Igreja e o mundo; são eles Igreja no mundo (cf. CHENU, 1965: 979). Aliás, qualquer acentuação demasiada da palavra "mundo" e da palavra "Igreja", como feudos separados, provocaria e incentivaria ainda mais a compreensão maniqueísta do Reino de Deus, acentuando demasiadamente a presença do mal no "mundo". Antes de tudo, faz-se mister purificar a compreensão de *saecularitas*, que deve ser entendida como *ethos*, ou seja, a morada do humano. Não se pode continuar com a visão de mundo eivada de secularismo, evidenciando a separação entre o sacro e o profano. Ao invés disso, deve-se entender o mundo como morada de Deus, onde o sacro e o profano misturam-se na vida cotidiana, como o joio que nasce e cresce no meio do trigo (Mt 13,24-30). A pessoa humana não é autorizada a separar o joio do trigo, que crescem juntos no mundo, mas é autorizada a ser boa semente no seu próprio jardim. A colheita não depende da interpretação e do juízo humano, mas de Deus (Mt 13,36-43). Na visão atual de Igreja como Povo de Deus não se encontra espaço para o vigor de tal ideia. Igreja é mundo e mundo é Igreja. Os fiéis leigos vivem inseridos nestas duas dimensões de um único espaço. A distinção é apenas pedagógica, não dicotômica.

Na nova concepção eclesial, todo cristão, independentemente se é fiel clérigo ou fiel leigo, é convocado a inserir-se no mundo. Nesse modo, o fiel cristão encontra-se diante do desafio da sua visão de fé, agora emancipada de uma tutela religiosa, porque a dessacralização da natureza e da sociedade é o efeito normal da civilização científica e técnica (CHENU, 1965: 980).

Na visão da LG, o Vaticano II conseguiu romper com o confinamento dos fiéis leigos na exclusividade do mundo (KOSER, 1965: 999). Os fiéis leigos são pessoas atuantes na missão do mundo e na missão da Igreja. É evidente que nem tudo na Igreja é santo e nem tudo no mundo é profano. Por isso, a constante santificação do mundo (*sanctificatio mundi*), realizada na sua constante humanização. Da Igreja como um todo exige-se o constante serviço de levar a Boa-nova de Cristo a todos os confins do mundo. Este trabalho exige tanto o serviço dos fiéis clérigos quanto o serviço dos fiéis leigos, cada um na sua vocação específica no processo de cristianização do mundo. Quem se torna clérigo, distingue-se pelo chamado especial à vocação clerical. Porém, sendo clérigo, jamais perde a sua raiz da dignidade inicial de batizado (KOSER, 1965: 999). Na concepção posterior ao concílio, o estatuto dos fiéis leigos não permite mais aquela compreensão de Igreja como sendo uma sociedade levítica "clerical", mas uma comunhão de fiéis crentes, estruturados pelo serviço da hierarquia apostólica (cf. CHENU, 1965: 981). Nesse princípio, aquilo que era encarado como cátedra da autoridade hierárquica passa a outra dimensão, ou seja, à hierarquia da liderança, que não sobrevive senão na função do serviço a todo o Povo de Deus. Caso contrário, não seria recuperado o sentido de autoridade de acordo com o Evangelho de Cristo.

A Igreja, como um todo, tem a função de prestar um serviço ao mundo, porque é inserida no mundo. O seu escopo é revelar o Evangelho de Cristo a serviço da cristianização do mundo. Neste projeto, todos os fiéis cristãos (clérigos e leigos), em base ao caráter batismal, são sementes e advento da Boa-nova de Cristo. Os fiéis cristãos, onde quer que vivam, têm a obrigação de manifestar, pelo seu exemplo e pelo testemunho da palavra (LG 35), o homem novo, do qual se revestiram pelo batismo (AG 11).

Considerando o tríplice múnus dos fiéis leigos, em base à *Lumen Gentium*, esses fiéis são pessoas que se tornam realmente participantes do ofício sacerdotal, profético e régio de Cristo, cumprindo na Igreja a missão própria de todo o povo cristão. Desse modo, os fiéis leigos são chamados a cooperar com os fiéis clérigos na função de iluminar e ordenar todas as coisas temporais, de modo que sempre sejam recriadas conforme o Evangelho de Cristo e que cresçam no louvor ao Criador e Redentor (LG 31). Eles são profetas de Cristo no meio onde vivem (*sanctificatio mundi*). São chamados, sobretudo, a tornar presente e operante a Igreja nos lugares e nas circunstâncias, em cujas estruturas esta encontra dificuldades de se tornar o sal da terra, e que não seria possível sem a contribuição laical. No apostolado da hierarquia são chamados na mútua colaboração da evangelização da Igreja, bem como podem ser assuntos em alguns ofícios que lhes são confiados pela própria hierarquia, sempre em vista da finalidade espiritual da Igreja (LG 33).

O chamado a ser fermento no meio da massa não significa, porém, assistencialismo. Os fiéis leigos, na mútua cooperação com os clérigos, são subtraídos, porém, daquele compromisso de querer conduzir com as próprias mãos a civilidade e a promoção dos povos. São incumbidos do compromisso de ser o fermento no meio das grandes massas, para que a solidariedade e a promoção do ser humano sejam despertadas em todos os sentidos (CHENU, 1965: 986-987).

A Igreja não é convocada a construir o mundo com as próprias despesas e próprias iniciativas, mas é convocada a sair de si mesma, dos velhos esquemas, para cristianizar o mundo como ele se apresenta. Só assim, a Igreja, como Povo de Deus, responde ao apelo do Vaticano II, de ser o sal da terra (LG 33), sobretudo com a cooperação dos fiéis leigos.

Mesmo diante de algumas controvérsias sobre a função dos fiéis leigos na evangelização da Igreja, não se pode negar que existe a obrigação de cooperar no apostolado e nas outras atividades da Igreja, como consequência da essência batismal e da confirmação, fazendo com que esses sacramentos iniciais produzam os seus frutos positivos, de acordo com o capítulo IV da *Lumen Gentium* (KOSER, 1965: 1.001. • cf. SESBOÜÉ, 1998: 132-134).

Se esses fiéis são chamados, ou assuntos pela hierarquia para o desempenho de algumas funções ou ofícios da Igreja e não respondem, ou não correspondem às qualidades requeridas a tais funções, a hierarquia é livre, na sua atividade coordenadora da Igreja, de chamá-los ou não. De outro lado, a liberdade de resposta por parte dos fiéis determina que eles são pessoas dignas de direito e de deveres, não meros escravos da hierarquia numa submissão cega e carente de consciência crítica (KOSER, 1965: 1.001). Esta liberdade tem o seu fundamento no batismo e na crisma, como confirmação e amadurecimento na vida cristã. Consequentemente, a cooperação com a hierarquia somente é possível graças à dignidade e à ação comum de todos os fiéis cristãos na mútua edificação do Corpo Místico de Cristo (LG 33).

Com a Nova Aliança, os fiéis cristãos são convocados a formar parte de uma nova comunidade como "pedras vivas... e sacerdócio santo" (1Pd 2,5). Como pedras vivas a serviço do sacerdócio santo, em toda a comunidade de fiéis "há um só Senhor, uma só fé, um só batismo" (Ef 4,5). Se há um só batismo, como fundamento básico para ser incorporado a Cristo, todos os membros desta comunidade participam da igual dignidade como adoção de filhos de Deus, com a vocação comum à perfeição desta dignidade (LG 32). Na dignidade comum, uns como doutores, outros como pastores, outros como religiosos, outros como sacerdotes, outros como fiéis leigos, todos participam do mesmo sacerdócio comum de Cristo (LG 10). Porém, alguns membros são chamados a edificar a Igreja num grau diferente do sacerdócio comum de Cristo, através do sacerdócio ministerial.

A diferença entre o sacerdócio comum de Cristo e o sacerdócio ministerial não se encontra no sacerdócio de Cristo, que é sempre comum e indivisível, mas no grau do seu exercício próprio, como um dom particular de Cristo.

Os fiéis clérigos são chamados por Cristo a exercer este ministério como líderes da comunidade cristã no múnus da Igreja, para que o sacerdócio comum dos fiéis leigos possa progredir na transformação do batismo e dar os seus devidos frutos. Por isso, o sacerdócio ministerial é um serviço ao sacerdócio comum dos fiéis leigos. Esses, por sua vez, não podem permanecer de braços cruzados. Devem colaborar para que todo o Povo de Deus seja uma família a serviço do Reino.

Algumas diferenças fundamentais do sacerdócio ministerial em relação ao sacerdócio comum dos fiéis são:

1) A raiz do sacerdócio ministerial é a sucessão apostólica, através da ordem sagrada. Esta raiz capacita o ministro ordenado a agir sempre na pessoa de Cristo, como Cabeça e Pastor da Igreja (LG 10; 18; 27; 28; PO 2; 6);

2) O sacerdócio ministerial transforma os ministros ordenados em sujeitos capazes de servir a Cristo e à Igreja pela proclamação da Palavra, celebração dos sacramentos e cuidado pastoral dos fiéis (cf. PAPA JOÃO PAULO II, *Pastores dabo vobis*: 16).

Se, de um lado, acentua-se a importância do sacerdócio ministerial, de outro se deve verificar também o sacerdócio comum dos fiéis leigos com a sua dignidade própria, ou seja, constatar que eles são sujeitos de direitos e deveres dentro da Igreja, e que, portanto, têm a sua razão de ser, ou seja, um fundamento comum à capacidade de cooperar no exercício do poder de regime eclesiástico.

Todos os fiéis cristãos, em vista do batismo, participam da dignidade comum de Cristo, através do seu sacerdócio comum

(LG 11). Assim, destacam-se algumas ideias-chave a partir deste fundamento comum de todos os fiéis cristãos:

1) O batismo incorpora os fiéis na Igreja como pessoas, ou seja, sujeitos de direitos e deveres. É o fundamento dos demais sacramentos, tornando, assim, o sujeito apto para entrar na sociedade de Cristo, denominada Igreja;

2) Como sujeito, a pessoa torna-se capaz de exercer o culto a Deus, participando dos atos litúrgicos da Igreja. Pode exercer, também, alguns ministérios que não sejam reservados aos ministros ordenados;

3) Sendo incorporados nesta sociedade, são também deputados a professar a fé em Cristo diante de toda a sociedade comum e estão autorizados ao exercício do culto divino na Igreja, a partir do seu caráter batismal;

4) Pelo sacramento da Confirmação, aderem definitivamente nesta sociedade, exercendo os valores cristãos e aperfeiçoando as virtudes recebidas no batismo, alimentadas e transformadas pelos demais sacramentos da Igreja. Por isso, são chamados ao serviço, na Igreja, como testemunhas de Cristo em todos os tempos e lugares, em mútua cooperação com os fiéis clérigos.

No capítulo 33 da Constituição sobre a Igreja, reforça-se o empenho dos fiéis leigos no múnus da Igreja, em razão do batismo e da confirmação, na participação ativa dentro desta sociedade no que concerne ao nexo cooperativo com o poder de regime (LG 33). Existe um estreito nexo desta parte da Constituição, sobre a básica da dignidade laical, com o Decreto sobre o apostolado dos fiéis leigos, onde fala do relacionamento destes com a hierarquia. No decreto vem reforçado o princípio da cooperação (AA 24) (cf. SESBOÜÉ, 1998: 133).

Deste modo, são relacionados os seguintes direitos e deveres dos fiéis leigos/as:

1. O dever e o direito de evangelizar e de transformar a ordem temporal

O cânon 211 expressa o direito e o dever de todos os fiéis cristãos em relação ao trabalho apostólico. Já o cânon 225, § 1 evidencia o compromisso próprio e não supletório dos fiéis leigos no compromisso de anunciar a salvação a todos os povos. É um dever e ao mesmo tempo um direito que brota do Sacramento do Batismo, amadurece e se robustece com o Sacramento da Confirmação. Esse compromisso é individual e comunitário, expresso no testemunho de vida singular, bem como no testemunho de vida das associações laicais, favorecidas pelo direito da Igreja (cânon 298-329).

As formas da ação apostólica são tantas, indispensáveis e insubstituíveis, onde os fiéis leigos podem e devem anunciar o Evangelho. Esse espaço, na sua grande maioria, é acessível somente aos leigos, como bem expressa o Vaticano II, exigindo deles um grande zelo, de acordo com as atuais circunstâncias que lhes reclamem um apostolado mais intenso e mais amplo (AA 1). Sem esse apostolado que lhes é peculiar, sobretudo na *Igreja doméstica*, a Igreja não estaria em condições de prosseguir o seu trabalho evangelizador.

Por outro lado, compete à hierarquia da Igreja sustentar, promover, estabelecer princípios, fornecer a ajuda espiritual necessária, vigiar sobre a reta doutrina e coordenar a atividade apostólica, em vista do bem comum de todo o Povo de Deus (AA 24).

A dedicação peculiar dos leigos na transformação da ordem temporal é relacionada à família, à sociedade em geral, às instituições públicas, aos instrumentos de comunicação social, aos organismos internacionais, à cultura, à ciência, à técnica, ao trabalho profissional, à economia, ao direito, à política, à escola... Há assim um imenso horizonte de possibilidades, que lhes são próprias e inalienáveis (LG 31; AA 24, PAPA PAULO VI, *Populorum Progressio*, n. 81).

Os leigos, ao assumirem as atividades que lhes são peculiares, bem como os ofícios e ministérios próprios, que lhes são confiados pela hierarquia, compete-lhes exercê-los com boas iniciativas e com criatividade. Eles têm toda a liberdade de penetrar nas coisas temporais, imbuídos do espírito cristão, de acordo com os princípios básicos do Evangelho, das normas da Igreja e dos sãs costumes da comunidade onde vivem. A realidade social, de acordo com os sinais dos tempos, exige dos fiéis leigos profundas e indispensáveis reformas, para que seja preparado o terreno, onde possa soprar sem impedimentos o espírito evangélico (cf. PAPA PAULO VI, *Octogesima Adveniens*, n. 48).

O cânon 327 insiste ainda sobre o apostolado associativo, que une as forças a serem partilhadas e rende eficaz tal apostolado, segundo o espírito cristão e a necessidade de reorganizar a ordem temporal das coisas, na harmonia entre a fé e a vida cotidiana.

Enfim, o cânon 768, § 2 enfatiza a necessidade dos pastores apresentarem aos fiéis cristãos a sã doutrina sobre a dignidade e a liberdade humana, sobre a unidade e a estabilidade da família e suas funções, bem como sobre a organização das coisas temporais, de acordo com a ordem estabelecida por Deus.

2. O dever peculiar das pessoas casadas

As pessoas casadas na Igreja sejam como esposos ou sejam como genitores (cânon 226) têm um papel de extrema importância para a Igreja e para a sociedade civil (AA 11).

Considerando o Sacramento do Matrimônio, os cônjuges, na qualidade de ministros de Cristo, têm a obrigação de cooperar na edificação do Povo de Deus, através da vida matrimonial e familiar. A família é a célula fundamental da sociedade e da comunidade eclesial. Ela é o *santuário doméstico*, no qual se vive e é atualizado o "mistério da unidade e do fecundo amor entre Cristo e a Igreja" (LG 11).

Considerando a vida conjugal, na qualidade de genitores, os pais têm a gravíssima obrigação de cuidar pessoalmente a educação cristã de seus filhos, segundo os princípios da Igreja. É uma obrigação que ao mesmo tempo se transforma em direito e dever que se especifica:

1) como *essencial*, porque está interligado com a transmissão da vida;

2) como *original e primário*, porque está em nexo com o empenho educativo, através da unidade e da relação de amor, que subsiste entre os genitores e seus filhos;

3) como *insubstituível e inalienável*, porque não pode ser totalmente delegado a outros, nem usurpado por ninguém (PAPA JOÃO PAULO II, *Familiaris Consortio*, n. 36; cf. Cânones 774, § 2; 793; 796-798; 835, § 4; 1136; 1154; 1169).

3. O dever e o direito de interferir nas coisas civis

Na vasta panorâmica das atividades temporais os fiéis leigos possuem uma dupla liberdade. A primeira é relacionada ao Estado e a segunda é relacionada à Igreja, enquanto hierarquia.

Em relação ao Estado, todos os católicos são equiparados aos cidadãos comuns, no que concerne aos seus direitos e deveres, salvo restando possíveis diferenças estabelecidas na Constituição de cada país. Por isso, nem o credo religioso nem a denominação religiosa podem cercear essa liberdade. É um princípio universal, afirmado na *Declaração Universal dos Direitos Humanos*, proclamada pela ONU em 1948.

Diante da hierarquia da Igreja, os fiéis leigos gozam de legítima autonomia na organização das coisas temporais (cânon 227). Essa autonomia é reconhecida pela Igreja, não somente para os fiéis leigos, porém a todos os cidadãos comuns (GS 37). Até aqui não há diferença entre o Estado e a Igreja, sobre o direito e o dever de interferir nas coisas civis. Os fiéis leigos, por sua vez, são incentivados pela Igreja a penetrar nas realidades que lhes são peculiares, onde os clérigos teriam dificuldades para gerenciá-las. É o caso, por exemplo, da peculiaridade dos leigos na atividade política, de comércio ou de outros serviços temporais que lhes são próprios.

O envolvimento e a autonomia dos leigos nas coisas temporais, contudo, apresenta alguns limites. Esses limites são guiados pelos princípios da lei moral e pelo espírito evangélico. Exemplo: o envolvimento dos católicos na manipulação genética. Nesse certame, o magistério da Igreja exerce um papel preponderante de coordenação e supervisão, para que o bem comum esteja de acordo com a Boa-nova de Cristo, na plena fidelidade a Cristo e à sã doutrina da Igreja (GS 43).

4. O direito de assumir ofícios eclesiásticos

O cânon 228 determina que os fiéis leigos, julgados idôneos pelos pastores sagrados, são hábeis para assumir aqueles ofícios eclesiásticos e outros encargos que podem desempenhar, segundo as prescrições do direito. Essa possibilidade é relacionada ao cânon 129, § 2.

De acordo com a abordagem do cânon 129, § 2, constata-se na codificação atual um largo espaço reservado aos fiéis leigos no exercício do poder de regime, como cooperadores dos fiéis clérigos. De um lado, o Código apresenta o poder de regime como sendo inerente aos fiéis clérigos. Estes, se não impedidos pelo direito, podem exercê-lo livremente, porque são capacitados ontologicamente para tais funções, habilitados em base ao fundamento do sacramento da ordem sagrada. De outro lado, porém, existe a extensão do poder de regime, concedida à norma do direito aos fiéis leigos, no que concerne ao seu exercício. Esta concessão, através do poder de regime delegado pela autoridade competente, autoriza-lhes a exercer este poder no tríplice múnus, proveniente do sacerdócio comum de Cristo, em todos os encargos, ofícios e ministérios que não dependam necessariamente do sacramento da ordem sagrada.

A comunhão com a Igreja e a idoneidade, por sua vez, são requisitos que coenvolvem tanto os fiéis clérigos quanto os fiéis leigos. Por isso, os fiéis leigos podem assumir os ofícios que não requerem o exercício das ordens sagradas, a título de cooperação com os fiéis clérigos. O fundamento de tal afirmação encontra-se na *Lumen Gentium*, número 33, na qual é determinado que os fiéis leigos podem ser chamados pela hierarquia da Igreja a exercer algumas funções, que são destinadas ao fim espiritual da própria Igreja.

Assim sendo, de acordo com a normativa atual, os fiéis podem colaborar:

1) Nas ações litúrgicas (cânon 230; 910, § 2; 943);

2) No ministério da Palavra (cânon 759 e 766);

3) Na catequese (cânon 776 e 785);

4) No ensino das ciências sagradas (cânon 229, § 3);

5) Na celebração do Sínodo diocesano (cânon 460 e 463, § 2);

6) No exercício do poder de regime (cânon 129, § 2);

7) Na cura pastoral das paróquias (cânon 517, § 2);

8) Na assistência canônica aos matrimônios (cânon 1112);

9) Nas ações missionárias (cânon 783);

10) Na administração dos bens eclesiásticos (cânon 494 e 1282);

11) Nos ofícios da cúria diocesana: chanceler e notário (cânon 482);

12) Nos tribunais eclesiásticos: juiz (cânon 1421, § 2); consultores e assessores (cânon 1424); auditor (cânon 1428, § 2); promotor de justiça e defensor do vínculo (cânon 1435).

Esses ofícios podem ser confiados tanto aos homens quanto às mulheres, desde que considerados idôneos pela hierarquia. A única reserva em relação às mulheres está relacionada aos ministérios de leitor e acólito (cânon 230), conforme veremos adiante.

5. O dever e o direito ao conhecimento da doutrina cristã

Como vimos no cânon 217, todos os fiéis cristãos têm direito a receber de seus pastores uma adequada educação cristã, para o amadurecimento da pessoa em todos os sentidos e, sobretudo, para melhor conhecer e viver o mistério da salvação. Aqui, o cânon 229 reporta-se ao decreto *Apostolicam actuositatem* (n. 27), onde se insiste sobre a necessária formação doutrinal dos fiéis leigos, relacionada às seguintes finalidades:

1) Viver segundo a doutrina cristã;

2) Ser capaz de anunciar essa doutrina;

3) Defender essa doutrina, quando necessário;

4) Participar ativamente do apostolado da Igreja.

É um dever que ao mesmo tempo é um direito. Essa dupla função pressupõe que os leigos adquiram um aprofundado conhecimento das ciências sagradas nas universidades eclesiásticas ou nos institutos de ciências religiosas mantidos pela Igreja, conseguindo neles, se possível, uma devida graduação.

Nos primeiros séculos da história cristã, muitos dos grandes teólogos da Igreja foram leigos. Exemplos: Justino, Minúcio Félix e Tertuliano.

Urge recordar que para ensinar ciências sagradas é necessário haver o mandato da autoridade competente, sobretudo nas universidades eclesiásticas ou nos institutos de ciências religiosas reconhecidos pela Igreja (cânon 812).

6. O direito aos ministérios da Igreja

No Código de 1917, eram considerados fiéis clérigos todos aqueles que tinham recebido os ministérios divinos, através das ordens sagradas (cânon 108, § 1). Entre os clérigos existia uma hierarquia (cânon 108, § 2) determinada em duas linhas. Uma linha compunha a hierarquia de ordem, que incorporava os bispos, os presbíteros, os diáconos e os subdiáconos, que por sua vez compunham as ordens maiores. Os acólitos, os leitores, os hostiários e os exorcistas compunham as ordens menores. A outra linha incorporava a hierarquia de regime (jurisdição), também composta de dois segmentos, um secular e outro regular. A linha secular compunha o romano pontífice, os ordinários, dentre os quais o ordinário local, os bispos e os presbíteros. A linha regular incorporava o romano pontífice e os superiores maiores dos institutos religiosos clericais (cânon 108, § 3; 198; cf. GHIRLANDA, 1997: 803).

Nesta distinção, tanto o poder de ordem quanto o poder de regime dependiam das ordens sagradas. O poder de ordem era em função da santificação da Igreja (sacramentos) e o poder de regime era destinado ao governo (regime) da mesma. Tanto uma como a outra tinham a sua base primeira no sacramento da Ordem sagrada (cânon 109). Por isso, o poder de regime era conferido somente aos fiéis clérigos (cânon 118). Este poder era complementado com a missão canônica (cânon 109), como segunda capacitação para exercer um ofício de regime dentro da Igreja (cf. GHIRLANDA, 1997: 803).

Por outro lado, o Papa Paulo VI aboliu em 1972 parte da instituição dos clérigos. Alguns graus, antes considerados clericais, tais como o exorcista, o hostiário e o subdiácono, foram abolidos. Surgiram, a partir daí, os ministérios laicais do leitorado e do acolitado (cânon 230).

As funções específicas do ministério do *leitor* consistem em:

1) Proclamar a Palavra de Deus na assembleia litúrgica;

2) Educar as crianças e adultos, para receber adequadamente os sacramentos;

3) Anunciar a mensagem da salvação àqueles que a ignoram (cf. PAPA PAULO VI, *Ministeria quaedam*, n. 5).

As funções específicas do ministério do *acólito* consistem em:

1) Ajudar os presbíteros e diáconos em seus ministérios;

2) Distribuir a Sagrada Comunhão como ministro extraordinário (cânon 910, § 2);

3) Efetuar a exposição e a reposição do Santíssimo Sacramento (cânon 943).

Esses ministérios são reservados aos homens, porque estão em estreito nexo com a ordem sagrada, a qual é reservada aos seres humanos de sexo masculino. Também obedecem a um ritual próprio, sendo pré-requisitos aos ministérios ordenados (cânon 1035).

Tendo como parâmetro a praxe pastoral do momento, onde os fiéis leigos exercem uma vasta gama de ministérios na Igreja, os ministérios de *leitor* e de *acólito* praticamente não encontram o seu espaço de exercício. Ao meu ver, esses ministérios somente se justificam em função das ordens sagradas. Não podem ser confiados aos seres humanos do sexo feminino, porque as mulheres, de acordo com a tradição da Igreja, não podem ser ordenadas. Porém, não faltam espaços na Igreja para a mulher exercitar-se nos ministérios laicais não ordenados, conforme a normativa do cânon 228. E não podemos esquecer que as mulheres, sendo presença maciça na Igreja, desempenham um papel preponderante na colaboração e na cooperação com os fiéis ordenados, na construção do reino de Cristo. Sem esses ministérios, a Igreja seria órfã de prestações de serviços, que na maioria dos lugares são assumidos livre e espontaneamente pelas mulheres.

7. O dever da formação e o direito de remuneração

A competência para bem desempenhar toda e qualquer função é um critério geral, que engloba não somente a Igreja, mas todas as entidades. Nesse sentido, para que haja uma adequada capacidade e competência para assumir os ministérios na Igreja, requer-se, por consequência, que haja uma adequada preparação a tais ministérios (cânon 231). Essa preparação deve ser doutrinal, moral, espiritual, litúrgica e pedagógico-pastoral. A responsabilidade pela coordenação e supervisão está aos encargos da hierarquia da Igreja.

Ocorre haver um grande discernimento na escolha dos candidatos aos serviços eclesiais, para que seja garantida a sã tradição doutrinal da Igreja, em vista do bem comum de toda a Igreja. Quando esse discernimento é claro, não há contradição entre os dotes colocados à disposição da comunidade e a sua adequada formação para melhor exercê-los. Aqui entra em jogo, por exemplo, a boa preparação dos catequistas, dos ministros extraordinários e de todo e qualquer ministério exercido na Igreja pelos fiéis leigos. O improviso é bom, porém deve ser seguido pela zelosa e diligente preparação ao seu melhor exercício.

Nos últimos anos tem havido um grande número de voluntários, que se prontificam a prestar um serviço gratuitamente às entidades eclesiais, sobretudo ligados às obras de promoção humana, mantidas pela Igreja. No entanto, muitas pessoas que se apresentam para prestar um serviço – e com qualidade – não estão em condições de exercê-lo gratuitamente. É o caso, por exemplo, dos mestres de obras da construção ou restauro das obras paroquiais, ou dos agentes pastorais liberados.

Alguns critérios a considerar:

1) Deve-se distinguir entre trabalhos a tempo integral ou ministérios esporádicos, desempenhados na entidade eclesial. Exemplos de ministérios esporádicos: catequista, testemunha qualificada ao matrimônio, ministro extraordinário da Eucaristia, coordenador de comunidade, sacristão a curto tempo;

2) Se os trabalhos prestados entram na única esfera de sustento desses leigos, devem ser remunerados pela instituição eclesial;

3) Se os trabalhos prestados são a tempo pleno, devem ser remunerados;

4) Se os trabalhos prestados dependam também do desconto e pagamento dos encargos sociais, a entidade eclesial não pode fazer a menos na justiça comum para com os seus dependentes.

É bom lembrar que a entidade eclesial não pode manipular todos os valores recolhidos somente para o sustento do clero e dos demais ministros, para organizar o culto divino ou para praticar obras de caridade (cânon 1254, § 2). Os bens temporais devem estar também a serviço dos seus trabalhadores, preservando e incentivando o incremento da praxe pastoral, com a participação dos leigos remunerados. É melhor pagar leigos competentes para trabalhos ou ministérios que lhes podem ser confiados do que ficar tudo nas mãos dos clérigos, dificultando e sobrecarregando esses últimos, somente pela economia ou pela superconcentração de atividades que não são específicas dos ministros ordenados.

III
Os direitos e deveres dos fiéis clérigos

O fiel cristão passa ao estado clerical através da ordenação sagrada, que se concretiza nos seus três graus, ou seja, o diaconato, o presbiterato e o episcopado.

O atual Código apresenta, além dos seus direitos e deveres (cânon 273-289), uma vasta legislação sobre a sua formação (cânon 232-264), incardinação (cânon 265-272) e perda do estado clerical (cânon 290-293). Nos restringiremos apenas aos seus direitos e deveres, conforme a abordagem a seguir:

1. O dever da obediência ao papa e aos seus ordinários

O devido respeito aos seus legítimos pastores é um dever comum de todos os fiéis cristãos. No que tange aos clérigos, aumenta ainda mais o rigor desse dever (cânon 273). Os clérigos devem professar o respeito e a obediência ao Romano Pontífice, sendo o vigário de Cristo e pastor da Igreja universal (cânon 331). Também deve obedecer ao próprio ordinário. O ordinário próprio dos clérigos seculares é o bispo diocesano, onde os mesmos estão incardinados. O ordinário próprio dos clérigos consagrados é o superior maior do Instituto de Vida Consagrada ou da Sociedade de Vida Apostólica, onde os mesmos estão incorporados (cânon 134, § 1).

Em relação à obediência ao bispo diocesano, os clérigos seculares devem observar os seguintes princípios:

1) A participação no mesmo sacerdócio e no mesmo ministério apostólico (LG 28);

2) A dependência da hierarquia diocesana;

3) A incardinação na diocese;

4) A promessa da obediência ao seu ordinário, proferida na ordenação presbiteral (PO 15).

Em relação à obediência ao ordinário, não entra em questão a vida íntima (foro interno) e os interesses pessoais do clérigo. É claro que deveria haver coerência e transparência naquilo que o clérigo é e faz, de acordo com o seu estado. Porém, a liberdade humana, no que concerne aos aspectos pessoais, é mais abrangente do que o estado de vida assumido na Igreja. Exemplo: necessariamente o ordinário não precisa controlar as leituras pessoais, o modo de se vestir do clérigo fora do ambiente de seu ministério ou as outras preferências pessoais. A obediência ao próprio ordinário é uma obediência canônica, ou seja, limitada ao que se refere ao estado clerical, enquanto ministério assumido diante de Deus e da comunidade.

É interessante sublinhar que a desobediência pertinaz do clérigo ao seu ordinário é motivo de penalidades canônicas (cânon 696, § 1; 1371, 2º). Mais grave ainda é o reato de quem incita a desobediência à Santa Sé e ao ordinário (cânon 1373).

2. O direito de receber e desempenhar fielmente o seu ofício

O direito de receber e desempenhar fielmente o seu ofício (cânon 274) está ligado à obediência ao próprio ordinário, bem como o seu empenho, assumido no dia da sua ordenação, ou seja, estar a serviço da Igreja (cânon 1025, § 2). Por isso, o clérigo deve assumir o ofício ou outro encargo que lhe foi confiado pelo ordinário, salvo restando um legítimo impedimento.

E quem julga o legítimo impedimento apresentado pelo clérigo?

É muito comum a gente ouvir de clérigos a escusa: – "Não assumo por motivos pessoais (foro íntimo)!"

Segundo Rincón-Pérez, como todo e qualquer "direito subjetivo, este também tem seus limites, porém hão de ser razões graves, fundadas na *salus animarum*, que justifiquem uma limitação ou negação de tal direito" (FERRER ORTIZ & RICÓN-PÉREZ, 1991: 194).

Apesar do clérigo, em função da sua incardinação, estar vinculado ao seu ordinário, bem como à porção do Povo de Deus que lhe foi confiada, ele goza de uma certa autonomia, relacionada à sua subjetividade humana e cristã. Por outro lado, a liberdade ao assumir os encargos da Igreja deve ser guiada pela docilidade do Espírito do Senhor. Porém, antes de dizer não ao ofício ou encargo, o clérigo deve pesar todas as consequências de sua resposta, tendo em vista o seu ministério. E se por acaso apresente um motivo que justifique o seu impedimento, procure o caminho do fraterno diálogo com o seu ordinário. Certamente o ordinário vai ouvi-lo e atender a sua motivada justificativa, desde que proceda com justiça. Exemplo: não pode o clérigo, motivado por indolência, recusar-se ao ofício, alegando motivos de foro interno, de crise vocacional ou afetiva.

Portanto, cabe ao ordinário julgar os motivos ou impedimentos apresentados pelo clérigo, inclusive consultando outras pessoas se necessário, sobre a sua não aceitação do ofício. Se o clérigo não aceitar o ofício, sem justificativa, pode ser punido com uma justa pena, a ser irrogada pela autoridade competente (cânon 1371, § 2). Contudo, cabe ao clérigo apresentar recurso à instância superior, acaso se sinta lesado em seu direito (cânon 1732s.).

3. O dever de promover e manter a missão na Igreja

Considerando a mútua edificação do Corpo de Cristo, os clérigos são convidados a viver em fraternidade (cânon 275). A construção do Reino exige dos clérigos a união e a mútua colaboração, no trabalho pela mesma causa. A razão teológica que move tal princípio é a sagrada ordenação, onde são inseridos no Sacerdócio de Cristo, unindo-se às fontes de uma íntima fraternidade sacramental (PO 8). Por isso, são exortados a viver na comunhão de seu ministério, para incrementar com eficiência a mútua edificação do Reino de Deus.

Se existe uma verdadeira fraternidade entre os clérigos, nos valores fundamentais do estado clerical, será bem mais fácil acolher a dimensão da colaboração em seus ministérios e abrir o leque dos serviços da Igreja aos fiéis leigos. De acordo com o Vaticano II, essa abertura à colaboração laical não é apenas um incentivo da parte da Igreja: "É pois mister que os presbíteros... conjuguem seus esforços com os fiéis leigos, e no meio deles se comportem a exemplo do Mestre que entre os homens não veio para ser servido, mas para servir e dar a alma em redenção de muitos" (PO 9). Essa mútua colaboração constitui-se no princípio básico da eclesiologia do Vaticano II.

4. O dever de buscar a perfeição e a santidade

Todos os fiéis cristãos, independente de serem clérigos, consagrados ou leigos, devem empenhar-se constantemente na busca da perfeição da vida cristã (cânon 276), de acordo com cada estado de pessoa na Igreja. Porém aos clérigos, sobretudo aos presbíteros, torna-se ainda mais incisiva essa busca, devido ao seu peculiar estado de vida (PO 12).

Mediante a ordenação sagrada, os presbíteros são os dispensadores da graça de Cristo no ministério que exercem ao Povo de

Deus, agindo *in persona Christi* (cânon 1008). A pessoa humana, ao ser inserida nesse sacramento, é ordenada para o inteiro Povo de Deus, que é a Igreja, por uma dupla motivação, ou seja, a motivação sacramental (caráter) e a motivação ministerial (serviço). Por isso, ninguém recebe a ordem sagrada apenas para si mesmo, por motivos de *status* pessoal. Cristo chama a esse peculiar ministério, porque sente a necessidade de cooperadores no desempenho do seu tríplice múnus, ou seja, o múnus de santificar, ensinar e reger o Povo de Deus.

Os meios reportados no cânon 276, § 2, são o resultado de uma longa tradição da Igreja, para que os clérigos possam conseguir a finalidade da busca da perfeição evangélica, através da sua constante santificação.

Os principais meios para conseguir tal finalidade são:

1º) Cumprir fiel e incansavelmente os deveres do ministério pastoral;

2º) Alimentar quotidianamente a vida espiritual através da Palavra de Deus e da Santíssima Eucaristia;

3º) Rezar diariamente a Liturgia das Horas, como obrigatória aos clérigos;

4º) Participar dos retiros espirituais, de acordo com o direito próprio;

5º) Exercitar-se diariamente na oração mental pessoal, na devoção mariana e frequentar esporadicamente o Sacramento da Penitência, bem como nos outros meios de santificação comuns ou particulares (cf. cânon 663).

Esses meios são aconselhados aos clérigos, porém não impostos juridicamente. A única ressalva obrigatória é em relação à Liturgia das Horas (3º) e o retiro espiritual (4º), "segundo a prescrição do direito particular" (cf. COMMUNICATIONIS, 191: 193). De acordo com uma resposta da *Congregação para o Culto Divino e a Disciplina dos Sacramentos*, o recurso à epiqueia para ser liberado da reza diária da Liturgia das Horas somente é possível em casos de justa necessidade e verdadeira impossibilidade de participar.

5. O dever do celibato

No início da era cristã, os apóstolos e discípulos de Cristo eram pessoas solteiras ou casadas, ao aceitar o chamado do Mestre para trabalhar no Reino. Na organização das comunidades, bastava que a pessoa se destacasse pelo exemplo de vida, boa reputação, piedade, bons costumes e liderança, para que fosse escolhido em função de um ministério na própria comunidade.

Com o passar do tempo, a Igreja latina começou a exigir do seu clero a continência perfeita, abstraindo-lhes do matrimônio ou qualquer outra união conjugal. Encontramos o primeiro aceno a favor do celibato no Concílio de Elvira, celebrado na Espanha, por volta do ano 300 (cf. DENZINGER-SCHÖNMETZER, cânon 33, n. 119). Essa decisão foi ratificada no Concílio de Ancira (314), de Roma (386), de Cartagena (390), de Toledo (400), de Orange (441), de Harles (443) e de Agde (506). A exigência do celibato também foi confirmada pelo Papa Adriano I (785), pelo Papa Bento VIII (1022), pelo Papa Leão IX (1049), pelo Papa Nicolau II (1059), pelo Papa Alexandre II (1063) e sobretudo pelo Papa Gregório VII (1074).

O celibato, originalmente, não faz parte da natureza do sacerdócio, mas é recomendado pela Igreja, de acordo com a sua tradição (PO 16).

Os acenos conciliares do primeiro milênio da Igreja são recomendações localizadas ou regionalizadas. Não sendo determinações de concílios ecumênicos, nem afirmações feitas pelos papas a toda a Igreja, consequentemente, não tinham caráter de obrigatório universal. Porém, tendo em vista o bom exemplo dos monges e religiosos consagrados na vivência da perfeita continência, a Igreja latina achou por bem obrigar a prática celibatária a todos os seus clérigos. Assim, o Concílio Ecumênico Lateranense I (1123) determinou tal obrigação a toda a Igreja.

> Proibimos absolutamente aos sacerdotes, diáconos e subdiáconos de viver com as concubinas ou com esposas e de coabitar com mulheres diversas daquelas permitidas pelo Concílio de Niceia, que o permitiu somente por questões de necessidade, isto é, a mãe, a irmã, a tia materna ou paterna ou outras semelhantes, sobre as quais honestamente não possa surgir alguma suspeita (CONCILIORUM OECUMENICORUM DECRETA: cânon 7).

Essa sanção foi homologada no Concílio de Trento (1563) e de lá para cá faz parte dos deveres dos clérigos da Igreja Latina (cf. CONCILIUM OECUMENICUM TRIDENTINUM. Sessio XXIV: cânon 9).

Nas Igrejas Orientais (católicas *sui iuris*) são obrigados à continência perfeita somente os bispos. Os presbíteros e diáconos recebem o interdito ao matrimônio somente depois da ordenação. Significa que podem unir-se em matrimônio antes da ordenação ou simplesmente são ordenados os casados desde que preencham os requisitos da devida formação e não apresentem impedimentos.

É importante sublinhar que o celibato não é a mesma coisa que o Sacramento da Ordem, em relação ao Sacramento do Matrimônio. O Sacramento da Ordem faz parte dos impedimentos ao matrimônio, enquanto que o celibato é uma lei eclesiástica, que somente torna-se um empecilho, porque está intimamente ligada ao Sacramento da Ordem. O celibato não é um hiato isolado. Também não é um voto, à semelhança do voto de castidade assumido pelos religiosos consagrados. É, sim, um compromisso, assumido juntamente com o Sacramento da Ordem.

É curioso acenar que, desde o pontificado do Papa Pio XII, a Igreja latina concedeu a muitos pastores luteranos, calvinistas e ultimamente anglicanos que se converteram ao catolicismo a ordenação sacerdotal, sem separarem-se de suas esposas, vivendo assim na vida matrimonial ativa (CHORTAL, *Código*, 1995: cânon 277).

Considerando a tradição inicial da Igreja latina, bem como a tradição ainda em vigor nas Igrejas Orientais, penso que não seria problema a Igreja latina rever a questão da obrigatoriedade do celibato. A meu juízo, o celibato ao clero secular poderia ser opcional. Porém, sendo opcional, nem todos optariam pelo matrimônio, devido à falta de liberdade para quem segue a vocação clerical, com dedicação exclusiva ao Povo de Deus. Um aspecto dessa questão é ter a liberdade. Outro, é assumir a vocação matrimonial, com todos os seus direitos e deveres, e ao mesmo tempo assumir a vocação sacerdotal, com os seus direitos e deveres peculiares. Em todo o caso, melhor seria na Igreja latina, se houvesse a liberdade em relação ao celibato.

A observância do celibato (cânon 277) exige do clérigo uma constante vigilância sobre esse compromisso assumido perante Deus e a comunidade. Por isso, é necessária a devida formação humana, cristã e ministerial, começando no tempo do seminário e prolongando-se por toda a sua vida (cânon 247; 248-252). Seria de grande valia uma formação aberta, dialogada, na medida do possível com a presença feminina e com a ajuda de bons psicólogos, para que certos problemas afetivos possam vir à tona com tranquilidade e sejam bem administrados. Só assim seria possível corrigir posteriores desvios de personalidades afetadas, que afloram mais tarde, tais como a pedofilia e outros tantos.

Além disso, urge do clérigo conservar constantemente uma postura de seriedade, discrição e reserva. Ele deve agir com prudência no contato com as pessoas, evitando assim os riscos de seu estado de vida e os motivos de escândalo. É claro que a maturidade afetiva somente é mesurada no confronto direto com a sociedade, no *corpo a corpo* dos conflitos existenciais e vocacionais de todo ser humano. Porém, a ocasião favorece a oportunidade e essa, se não for encarada com maturidade, pode conduzir o clérigo aos meandros de uma personalidade imatura, desembocando, na maioria das vezes, ao abandono de seu estado clerical.

O bispo diocesano é primeiro encarregado da formação e do acompanhamento de seus clérigos. Compete a ele emanar normas oportunas, além da normativa do Código nessa matéria, bem como visitar, encorajar e estar perto de seus clérigos, através do diálogo aberto e compreensivo (cf. PAPA PAULO VI. *Sacerdotalis caelibatus*, 1967: 93).

O Código prevê as seguintes normas e sanções a quem assume publicamente o compromisso do celibato, ligado ao Sacramento da Ordem:

1) É um impedimento dirimente ao matrimônio (cânon 1087);

2) Quem atenta ao matrimônio, mesmo que só civilmente, perde pelo próprio direito qualquer ofício eclesiástico (cânon 194, § 1, n. 3);

3) Quem atenta ao matrimônio, mesmo que só civilmente, está impedido ao exercício das ordens sagradas ou à recepção de novas ordens (cânon 1041, n. 3; 1044, § 1, n. 3);

4) Quem atenta ao matrimônio, mesmo que só civilmente, incorre na suspensão *latae sententiae* e outras penas *ferendae sententiae*, inclusive a demissão do estado clerical, em caso de contumácia (cânon 1394, § 1);

5) Quem vive com concubinas, quem comete pecado contra o sexto mandamento do Decálogo ou delitos em outra situação de escândalo e não se emenda, pode ser demitido do estado clerical (cânon 1395).

A dispensa do celibato é de exclusiva competência do Romano Pontífice (cânon 291), depois de ilustrado o processo na diocese. O Supremo Legislador da Igreja sói conceder o indulto da dispensa a clérigos menores de quarenta anos, salvo restando casos especiais.

6. O direito de se unir em associações

A questão da reunião dos clérigos em associações (cânon 278) já foi abordada no comentário do cânon 275. Contudo, reforçamos que essas associações são recomendadas pela Igreja, porque promovem a espiritualidade e os compromissos pastorais, favorecendo o vínculo de colaboração e de fraternidade entre os clérigos, bem como dos clérigos com o seu bispo.

Quando as associações são fomentadas no escopo comum da Igreja, perseguem-nas as suas finalidades e otimizam os valores evangélicos vividos nas mesmas. Porém, algumas associações, segundo a sua natureza, finalidades e métodos de ação, recebem o veto da Igreja, porque são incompatíveis com a mesma. Essas associações, em vez de contribuir para o incremento da Igreja, obstaculizam os direitos e deveres dos clérigos. Por isso, tais associações são "inconciliáveis com o estado clerical, e por isso são proibidas a todos os membros do clero" (SACRA CONGREGATIO PRO CLERICIS: Declaratio *Quidam episcopi*, 1982. In: *Enchiridion Vanticanum*, vol. 8, p. 87-89).

7. O dever da formação permanente

O mundo de hoje exige muita preparação, em vista do trabalho competitivo. Quem não se prepara adequadamente é excluído do sistema. Porém, a preparação não é apenas anterior ao trabalho a ser desempenhado. Os cursos e faculdades dão títulos, para que os profissionais estejam habilitados a prestar um serviço. No entanto, o profissional que estacionar no tempo e no espaço não terá condições de crescer no seu múnus. Está fadado a perder o seu labor, porque a demanda preferirá outro profissional melhor qualificado. Assim, por exemplo, um médico que se contenta somente com a graduação em medicina não estará em condições de bem exercer a sua profissão. Ele precisa estar em constante atualização, através de leituras, cursos e novas experiências, para poder acompanhar o mundo da medicina.

Os clérigos, por serem pessoas que desempenham um ministério exigente ao Povo de Deus, não podem ser subtraídos de uma sólida formação profissional, em vista da sua identidade, para que possam cumprir com eficácia e competência os deveres de sua missão.

Do ponto de vista jurídico, para que o clérigo seja ordenado presbítero, basta que tenha frequentado ao menos cinco anos de estudos filosóficos e teológicos (cânon 1032). Em si, o Código não determina outro tempo de estudo, como obrigação, nem o exame trienal, como era feito no passado. O Código de 1917 exigia dos presbíteros o exame trienal em base às disciplinas das ciências. Esse exame visava a qualificação do presbítero para receber os benefícios ou canônicos (cânon 130). Significa que quem não era qualificado objetivamente através do exame não recebia o salário pelos serviços prestados.

O atual Código não fala mais desses exames. No entanto, os clérigos são exortados à formação permanente, segundo a normativa do cânon 279:

1) Depois da ordenação, através do estudo continuado da sólida doutrina fundada nas Sagradas Escrituras e transmitida à Igreja, bem como os documentos conciliares e documentos emanados pelo papa, para que evitem as falsas ciências (§ 1);

2) O direito particular, a critério dos ordinários, prescreva a participação dos clérigos em palestras, cursos, encontros teológicos

de atualização, seminários, congressos, simpósios, para que possam melhor qualificar o seu ministério e os métodos pastorais (§ 2);

3) Também convida os clérigos ao estudo das outras ciências, sobretudo as relacionadas com as ciências sagradas (§ 3). Essas ciências, a exemplo da Antropologia, da Sociologia, da Pedagogia, da Psicologia, muito contribuem para a qualificação de seu exercício apostólico.

Assim sendo, nenhum clérigo que se preze de sua vocação e de sua identidade tem o direito de relaxar no estudo e na constante atualização de sua preparação, tendo em vista o que o Povo de Deus espera dele, como pastor, sacerdote e líder da comunidade ou de quaisquer outros ministérios que lhe foram confiados.

8. O direito e o dever da vida comunitária

O cânon 280 é uma recomendação, porque *a priori* a obrigação de viver em fraternidade é própria dos religiosos consagrados. No entanto, os clérigos unidos entre si pelo vínculo da caridade, da oração e da colaboração, incrementam o seu ministério.

De acordo com o Decreto conciliar *Christus Dominus*, recomenda-se vivamente a colaboração entre os clérigos, sobretudo entre os párocos e coadjutores, para o melhor desempenho do múnus de ensinar, santificar e reger o Povo de Deus (CD 30). Onde isso seja possível, a habitação comum, a mesa comum ou os encontros fraternos frequentes ou periódicos (PO 8) favorecem a partilha de valores comuns, bem como a substituição nas atividades, quando necessárias.

Nos últimos anos, estão surgindo belas iniciativas de vida comunitária dos clérigos. Exemplo: um grupo de presbíteros que mora junto, conduzindo a vida comunitária na oração, partilha de experiências e orçamento econômico, embora cada um possa desempenhar seu ofício com autonomia. Assim, vários párocos, vigários paroquiais ou coadjutores podem encontrar na vida comum o espaço ideal para melhor superar as angústias da solidão e a falta de partilha no que é próprio de seu ministério.

9. O direito à remuneração e à assistência social

Não seria *simonia* remunerar os clérigos pelos serviços prestados? Em primeiro lugar, devemos distinguir o que seja a remuneração pelo *ministério* e a remuneração pelo *trabalho*. O *ministério* é aquela prestação de serviço livre, como o trabalho de um voluntário ou como aquele serviço caseiro, semelhante ao serviço efetuado em família, como cuidar de uma pessoa doente, lavar pratos ou outra atividade espontânea. O *trabalho*, por sua vez, é o exercício de uma profissão, que visa a remuneração e o sustento da pessoa. No caso do clérigo, tendo como base a sua vocação a serviço do Povo de Deus que lhe é confiado, o ministério que ele exerce se confunde, na maior parte do tempo, com o seu trabalho. Assim como o dentista, o médico, o psicólogo, o professor ou qualquer outro profissional recebe pelo exercício de sua profissão, também o clérigo precisa de uma remuneração para o seu sustento.

Em segundo lugar, partindo da Sagrada Escritura, notamos que a remuneração condizente ao seu ministério já era percebida inclusive pelos apóstolos de Cristo. Essa remuneração torna-se um direito natural do clérigo, "pois o operário é digno de seu salário" (Lc 10,7; Mt 10,10; 1Cor 9,7-14; 1Tm 5,18).

O enunciado do cânon 281, em base ao Decreto *Presbyterorum* Ordinis (n. 20), estabelece os seguintes critérios:

1º) Que a remuneração seja igual ou equivalente a todos os que se encontram nas mesmas condições;

2º) Que se ofereça ao clérigo condições, não apenas para o próprio sustento, porém que ele esteja em condições de prestar uma ajuda aos mais necessitados da Igreja e da sociedade, porque no "serviço aos pobres a Igreja o teve sempre em grande estima, desde os seus primórdios" (PO 20);

3º) Que se permita ao clérigo um suficiente período de férias anuais;

4º) Que os fiéis possam garantir aos seus pastores os meios que assegurem uma vida honesta e digna de seu estado de pessoa;

5º) Que os bispos possam garantir, na organização de sua diocese, os meios necessários ao digno sustento de seus clérigos (cânon 1261). A maioria das dioceses do Brasil organiza um fundo comum, destinado à digna remuneração de seus clérigos. Também é estabelecido na diocese o quanto cada um deve receber, de acordo com o seu trabalho e as condições locais.

Ocorre lembrar ainda que nem sempre os clérigos recebem uma remuneração fixa. Muitas vezes recebem contribuições espontâneas, diretamente dos fiéis, ou retiram do caixa comum da paróquia ou da entidade em que trabalham o necessário para as suas despesas, apresentando notas disso à contabilidade.

Sendo assim, se tudo é feito com transparência e humanidade, não se vê motivos por que não organizar a justa remuneração dos clérigos. Também não se vê motivos para acusar os clérigos de *simonia*, porque se trata de remunerar com justiça o trabalho efetuado, como a qualquer trabalho de outros profissionais.

Nos últimos anos amadureceu a consciência crítica dos clérigos sobre o direito à previdência social ou sobre um plano de saúde que lhes garanta a subvenção e a proteção presente e futura. No Brasil é obrigatório o pagamento da previdência social.

No caso dos clérigos, paga-se essa contribuição como autônomos, num plano que lhes garanta a assistência gratuita à saúde nos departamentos credenciados pelo INSS, bem como a garantia de uma justa remuneração de pensão (aposentadoria).

Em relação aos planos privados de assistência à saúde ou planos de pensão, quase todas as dioceses estão inscrevendo seus clérigos nesses planos, para lhes garantir melhores condições de atendimento. Essa questão, se confrontada com os Institutos de Vida Consagrada ou Sociedades de Vida Apostólica, que normalmente são mais bem organizados, deveria ser tratada com carinho. Nesses institutos ou sociedades, lhes são garantidos esses direitos, bem como uma digna assistência à velhice. Além disso, essas entidades favorecem bons espaços, com casas de repouso, para que seus membros possam envelhecer dignamente. Isso não acontece com a maioria dos clérigos seculares. Enquanto eles são úteis à diocese, tudo caminha bem. Porém, quando envelhecem ou ficam "inúteis" aos ministérios, são relegados à margem do sistema. Portanto, é urgente que nas dioceses seja discutido com franqueza e com os pés no chão sobre os planos de saúde e de pensão privados e sobre a digna assistência aos clérigos idosos.

Vale sublinhar que o código não prevê a assistência social aos ministros extraordinários ou agentes de pastoral. Porém, por analogia, se eles são contratados para um trabalho remunerado, entram automaticamente no plano de assistência e previdência social como pessoas contratadas pela Igreja.

Para todos os efeitos, os diáconos permanentes são clérigos como os demais clérigos abordados no parágrafo anterior do cânon 281, porque receberam o primeiro grau do Sacramento da Ordem. Porém, distingue-se aqui entre diáconos *temporários* (destinados ao sacerdócio) e os diáconos *permanentes*, que podem ser celibatários (solteiros) ou casados. A normativa em foco refere-se aos *diáconos permanentes casados*. Nesse caso, é um direito deles haver da Igreja a justa remuneração, que permita o seu digno sustento e o da sua família.

Se o diácono permanente já percebe outra remuneração, ou renda própria, de acordo com a sua atividade profissional civil, deve viver dessa renda. Por isso, não pode exigir da Igreja o salário pelo seu ministério *temporário*. Exemplo: José é diácono permanente. É mecânico. Recebe um bom salário pelo seu trabalho de segunda a sexta-feira. No sábado à tarde e no domingo, ele assiste aos matrimônios em sua paróquia. Ora, se a sua remuneração civil é suficiente, não se vê motivo para exigir da Igreja uma remuneração pelo ministério diaconal de fim de semana na paróquia. Pode acontecer o contrário, porém, quando o diácono dependa dessa atividade para o seu sustento e o de sua família.

O cânon não contempla o caso específico dos *diáconos permanentes solteiros*. Porém, por analogia, eles entram na mesma normativa dos clérigos (cânon 281, § 1), podendo e devendo receber a justa remuneração pelos seus trabalhos prestados na Igreja, desde que não percebam outra remuneração.

10. O dever de levar uma vida simples

Infelizmente, o modo como vivem muitos clérigos de nossa Igreja deixa muito a desejar, ostentando luxo no modo de se vestir, na aquisição de carros do ano, computadores, eletrodomésticos de elevada marca e qualidade. Muitos clérigos usam do *status* clerical para se livrar de tudo o que é modesto e popular, esquecendo suas origens familiares ou a realidade de onde provêm. Por isso é que se justifica a normativa do cânon 282, sobre a vida modesta que os clérigos devem levar.

O Concílio Vaticano II exorta todos os cristãos a viverem a pobreza, de acordo com o Evangelho, tendo em vista a glória de Cristo e da Igreja (LG 42; GS 37, 88). Os presbíteros, por sua vez, são convidados a abraçar a pobreza voluntária, para que possam conformar-se com Cristo em modo mais evidente e estejam em condições de melhor desempenhar o seu ministério sacerdotal (PO 17).

Portanto, os clérigos devem conformar o seu estado de vida e sua missão numa peculiar austeridade e simplicidade, que possa ser alienada a toda e qualquer vaidade ou luxo.

Os clérigos que têm um ofício eclesiástico, por dever, recebem com ele um decoroso pagamento para que possam ser mantidos adequadamente em todas as suas necessidades vitais, de acordo com o seu próprio estado na Igreja. Porém, os custos e benefícios devem ser justos, a ponto de não haver acúmulos desnecessários. Por isso, a normativa canônica recomenda aos clérigos a partilha de tudo o que sobra (supérfluo), destinando o resto de seus ganhos aos mais necessitados da Igreja. Aqui vale lembrar a importância de destinar parte de seus ganhos aos candidatos (seminaristas) mais necessitados, ajudando a manter os seminários e outras instituições de caridade.

11. O direito de residência e de férias

A normativa do cânon 283 contempla em primeiro lugar a obrigação da residência a todos os clérigos, em razão de sua incardinação numa diocese. Em segundo lugar, contempla alguns *ofícios residenciais*, em função do ministério estável a ser exercido localmente. Exemplos: bispo diocesano, pároco, vigário paroquial, administrador paroquial (cânon 395; 410; 429; 533; 550, § 1). Esses ofícios comportam a inalienável obrigação da residência, estando inclusive sujeitos a penas canônicas contra a sua violação (cânon 1396).

A normativa alega que os clérigos não se afastem da *própria diocese por tempo notável*. Esse tempo notável não é determinado pelo direito universal, porém pelo direito particular ou próprio. No Código precedente (1917) era previsto esse tempo em um, dois ou mais meses, dependendo de cada ofício que o clérigo desempenhava (cânon 143). Tanto a normativa anterior, quanto a atual, afirmam que não pode o clérigo afastar-se de sua diocese, *sem a licença ao menos presumida do próprio ordinário*. Seria o caso, por exemplo, do clérigo que solicite de seu ordinário o tempo necessário para cumprir uma tarefa fora da diocese.

No Código de 1917 eram previstos tempos diferenciados para as férias. Aos bispos eram facultados dois ou até três meses de férias (cânon 338, § 2); aos párocos, dois meses (cânon 465, § 2).

O Código atual restringiu esse privilégio aos clérigos, sobretudo ligados a certos ofícios. Assim, pelo direito universal, têm direito a um mês de férias:

1) O bispo diocesano (cânon 395, § 2);

2) O bispo coadjutor e o bispo auxiliar (cânon 410);

3) O Administrador diocesano (cânon 427, § 1; 429);

4) O pároco (cânon 533, § 2);

5) O vigário paroquial (cânon 550, § 3).

Aos demais clérigos é facultado *um devido e suficiente período de férias*, a ser determinado pelo direito particular. Via de regra, esse tempo corresponde a um mês de férias, como nas outras categorias acima. No Brasil, esse tempo corresponde ao que determina o direito civil, sendo um mês contínuo ou descontínuo, segundo o que é acordado com cada clérigo em sua diocese.

12. O dever do hábito eclesiástico

Nos primeiros séculos o hábito dos clérigos não se diferenciava da veste comum do povo, nem pelo tipo de tecido nem pela confecção. A partir do século V, os romanos começaram a usar algumas vestes muito curtas, como era costume entre os bárbaros. Por isso, a Igreja teve que ditar algumas normas para ajudar os clérigos a se vestirem dignamente. Porém dignidade não significava luxo ou ostentação.

O Concílio de Niceia II (787) aconselha os clérigos a não usar vestes luxuosas, de seda, bordadas e de várias cores (CONCÍLIO DE NICEIA II, cânon 27). O Concílio Lateranense II (1139) exorta os clérigos a não escandalizar ao povo com a superabundância de coisas, o hábito, a cor de suas vestes e a tonsura (CONCÍLIO LATERANENSE II, cânon 4). A mesma exortação se faz presente no Concílio Lateranense IV, sobretudo aos presbíteros, para que não se vistam com capas de longas mangas, não se cinjam com cintas de ouro ou de prata. Usem apenas o anel correspondente ao seu ofício. Os bispos não usem em público mantos abertos, porém bem fechados no peito e no pescoço (1215: const. 16). O Concílio Vienense estabelecia a suspensão do uso temporário dos benefícios recebidos a quem usasse em público hábitos de seda ou hábitos coloridos. Os clérigos que desobedecessem a essas ordens eram considerados indignos de seu ministério (1311-1312: decr. 09). E assim determinam também os concílios posteriores, sempre havendo em mira a simplicidade e modéstia no modo de se vestir dos clérigos.

Nessa perspectiva, o cânon 284 sistematiza o uso do hábito eclesiástico.

O Papa João Paulo II insiste no seu uso (Carta ao Cardeal Hugo Poletti, 08/09/1982). Porém, há de se considerar a dificuldade dessas vestes em regiões muito quentes, como é o caso de alguns países da África, ou até mesmo aqui no Brasil. Por isso, o supremo legislador preferiu confiar às Conferências Episcopais a legislação complementar, de acordo com os *legítimos costumes lo-*

cais. Já não se exige mais a *tonsura*, como era legislado no Código de 1917 (cânon 136, § 1; 2379).

A título de exemplo, a Conferência Episcopal Italiana determina que seus clérigos usem em público o hábito talar (batina) ou o *clergyman*. No Brasil, a Conferência estipula que os clérigos usem "um traje eclesiástico digno e simples, de preferência o *clergyman* ou *batina*" (CNBB. Legislação complementar ao Código de Direito Canônico, 1995: 755).

Na história da Igreja, os clérigos foram exortados pela Igreja a não usar vestes luxuosas, para não causar escândalo no meio do Povo de Deus. A meu juízo, os trajes eclesiásticos podem ser motivos de *status*, de destaque ou ostentação. Por isso, deveriam ser evitados. A identificação do clérigo deveria caracterizar-se pelo seu modo de ser e de comportar-se no meio do povo. Ele deveria ser um sinal visível da presença de Cristo, um *alter Christus* (outro Cristo), como soem afirmar alguns bispos. Portanto, não é *o hábito que faz o monge, mas o monge que faz o hábito*.

É importante lembrar, porém, que os clérigos e, sobretudo, os religiosos, sempre foram exortados pela Igreja a não usar vestes luxuosas, para não causar motivo de escândalo no meio do Povo de Deus, por serem motivos de *status*, de destaque ou ostentação. Por isso, deveriam ser evitados. A identificação do clérigo e do religioso deveria caracterizar-se melhor pelo seu modo de ser e de comportar-se no meio do povo, do que pelo uso do hábito religioso.

13. O dever de abster-se daquilo que não convém ao seu estado

O Código de 1917, especificamente o cânon 138, fornecia exemplos concretos daquilo que os clérigos deviam abster-se:

1º) Não exercer profissões indecorosas;

2º) Não se envolver com jogos de azar e que envolvam dinheiro;

3º) Não portar armas consigo;

4º) Não se entregar à caça;

5º) Não entrar em tabernas ou lugares indecorosos, hotéis ou pensões, sem uma justa causa, a ser autorizada pelo ordinário local.

Também não podiam assumir o papel de autor num teatro, porque isso era considerado atividade indecorosa.

O novo Código, de acordo com o cânon 285, não entra em pormenores sobre as coisas inconvenientes (indecorosas) ao estado clerical. A normativa atual deixa ao ordinário local a possibilidade de determinar normas próprias, segundo a sensibilidade do povo, sobretudo o que poderia causar admiração ou escândalo dos fiéis.

Por outro lado, consideram-se ab-rogadas as normas anteriores relacionadas às caçadas, espetáculos, radioestesia e outras atividades inconvenientes ao estado clerical, tais como a medicina, a cirurgia, os ofícios de advogado e procurador perante os tribunais civis, em causas alheias e não pertinentes à Igreja. Equivale a afirmar que esses encargos já não se consideram como necessariamente incompatíveis com o estado clerical, desde que sejam ministrados para uma finalidade eclesial. Também desapareceu no novo Código o veto de testemunhar nos tribunais civis que envolvam causas criminais.

A ideia de fundo que norteava a normativa anterior era a que o sacerdote era considerado quase um menor de idade, dependente em quase tudo do bispo. Agora está em jogo o respeito ao Direito Civil de cada nação, em tudo o que não seja contrário ao Código de Direito Canônico. Na maioria das legislações civis, as testemunhas citadas oficialmente pelos tribunais têm obrigação de apresentar-se e declarar o que souberem; caso contrário, incorrem nas penas da lei. Por isso, mesmo sendo clérigos, essas testemunhas pela nova normativa devem comparecer, como qualquer cidadão comum da sociedade (cf. COMMUNICATIONES, 14 [1982], p. 82).

Outra questão a ser colocada: estariam os clérigos proibidos pelo Direito aos cargos públicos?

Segundo a normativa do cânon 285, § 3, os "clérigos são proibidos de assumir cargos públicos que implicam participação no poder civil". Seria o caso, por exemplo, de um presbítero ser prefeito ou deputado, como veremos adiante na interpretação do cânon 287. Porém, no Brasil não existe nenhuma proibição pontifícia para os cargos públicos, de acordo com as Convenções celebradas entre o Brasil e a Sé Apostólica (cânon 3). Nesse sentido, Jesus Hortal afirma que historicamente "houve uma presença contínua de padres no Congresso Nacional. Às vezes, como representantes quase-oficiais da Igreja" (HORTAL, *Código*, 1995: cânon 285). Por isso, quando se justifica essa participação, basta que haja a licença do ordinário próprio ou do lugar em que o cargo será exercido, para que o clérigo possa assumir legitimamente esse ministério ligado aos cargos públicos.

14. O dever de não exercer por si ou por outros negócios ou comércio

A *negociação* é a operação econômica destinada a venda ou a troca de bens, com a intenção de auferir algum lucro. Por outro lado, quando se trata de negociação ou comércio (cânon 286), normalmente entram em cenário os famosos verbos ligados aos bens temporais da Igreja, ou seja, *adquirir*, *possuir*, *administrar*, *alienar com lucro*, ou simplesmente *alienar de fato*, entrando ou não no negócio uma nova permuta.

É necessário, portanto, que se verifique qual é o tipo de transação comercial. O direito comum, por exemplo, não coloca restrições às seguintes possibilidades:

1) a venda, com lucro, de produtos da terra produzidos em propriedades dos clérigos, quer mediante trabalho próprio, quer

mediante alheio, pois falta o elemento de aquisição por compra ou troca;

2) a venda, com lucro, de produtos adquiridos, mas transformados, pelo menos parcialmente, com trabalho do próprio clérigo, também denominada de *negociação industrial* ou *artesanal*. Exemplos: fabricação de licores, cervejas, chocolates e outros produtos feitos nos mosteiros europeus e também aqui no Brasil;

3) a venda, mesmo com lucro, de produtos que não foram adquiridos com a finalidade de serem vendidos, mas que, por circunstâncias posteriores, já não são mais necessários para o clérigo, tais como, por exemplo, os materiais de construção que sobraram, depois de terminada a obra. Caso contrário, entraria diretamente na proibição, devido à especulação, seja com moedas, ações, títulos ou papéis do Tesouro Nacional. A especulação acontece quando se visa o lucro na transação comercial.

A normativa em tela, de outro lado, proíbe propriamente o exercício de negociação ou comércio, quando praticados numa praxe prolongada e não de uma operação isolada ou esporádica. Os casos de exceções podem ser resolvidos com a *licença da legítima autoridade eclesiástica*.

Nos últimos anos, tem crescido vertiginosamente os famosos *shoppings da fé*, favorecendo um verdadeiro comércio de objetos religiosos, muitas vezes até concorrendo com os preços estipulados pelo comércio comum de mercado. Nesse caso, mesmo que os clérigos não estejam exercendo diretamente essa atividade comercial, a estão exercendo por outrem. A meu ver, esse comércio deveria ser mais bem acompanhado pelos ordinários, para que se evitassem motivos de escândalo ao Povo de Deus. A intenção desse comércio pode ser boa, porém não deveria visar o exacerbado lucro, que se torna consequentemente um enriquecimento ilícito por parte dos clérigos.

15. O dever de promover a paz, não participar nos partidos políticos e na direção de associações sindicais

Será que um padre pode ser prefeito?

De acordo com alguns dados da CNBB, tem aumentado gradativamente nos últimos anos o número de presbíteros candidatos a cargos públicos no Brasil. Os presbíteros justificam-se diante da necessidade popular, no intuito de defender os novos *areópagos* da Igreja. Nessa linha de pensamento, o Pe. José Lisboa Moreira de Oliveira publicou um excelente artigo na *REB*, em abril de 2002, intitulado: *A candidatura de presbíteros a cargos políticos* (cf. MOREIRA DE OLIVEIRA, A candidatura de presbíteros: 259-296). O autor aborda, entre outras, a questão do envolvimento audacioso e direto dos presbíteros na política. Esse envolvimento permitiria ao presbítero a *liberdade* de poder atuar em qualquer partido, mesmo sendo a favor dos *pobres e oprimidos*, em detrimento do todo do Povo de Deus? O presbítero não é o *homem da comunidade*, mas o *homem para a comunidade*. Por isso, a sua candidatura não pode ser norteada pelos seus interesses pessoais, porém *compartilhada e amadurecida* no seio da própria comunidade. A pesquisa apresentada pelo autor justifica que mais de 100 presbíteros se candidataram nas eleições municipais de 2000. Dos 67 candidatos que concorreram às eleições, apenas 30 conseguiram se eleger. Portanto, nem sempre os presbíteros alcançam a maioria das preferências democráticas em seus partidos.

Não se questiona a importância dessas candidaturas ao bem do povo, na defesa de seus direitos e deveres de cidadãos. Além do mais, os presbíteros são também cidadãos comuns e muito poderiam contribuir na vocação de pastores de suas ovelhas, inclusive assumindo um partido político. Porém, há de se considerar o que é específico do ministério ordenado. O presbítero, segundo Moreira de Oliveira, não deve *limitar a sua missão profética à opção política,* sobretudo numa escolha partidária. Seria muito difícil escapar das garras partidárias, sem ao mesmo tempo excluir os *outros*, que não são do mesmo partido.

A Igreja sempre pregou, por intermédio de seus documentos, o mistério de *unidade de todo o gênero humano* (LG 1). Nesse prisma, os clérigos, envolvendo-se diretamente na defesa de um determinado partido, não estariam favorecendo a comunhão entre os cristãos, os mecanismos de divisão.

É importante ressaltar que o cânon 287 não proíbe a participação dos clérigos na política como um todo, porém proíbe a política *partidária*, e *a direção de associações sindicais*. As associações sindicais não são todas e quaisquer associações profissionais, porém, especificamente aquelas que representam uma classe social no processo produtivo. Portanto, os clérigos estão proibidos não à participação nessas associações, contudo, estão proibidos a assumir cargos de direção nessas associações ou nos partidos políticos. E se a necessidade do bem comum exigir essa participação, sobretudo nos cargos de liderança política, podem os clérigos ainda obter a licença da autoridade eclesiástica. Se isso acontece, a autoridade, normalmente, coloca algumas condições, inclusive o afastamento temporário do ministério para a concessão da licença. Exemplo: Se Pe. Pedro for eleito Prefeito, deve deixar o seu ofício de pároco. Isso não significa que ele deixe de presidir a celebração eucarística ou qualquer outro sacramento da Igreja. O que se lhe é solicitado é apenas a exoneração do ofício de pároco, em vista do bem comum onde ele exerce o seu ofício de prefeito.

Vale lembrar ainda que o Código de 1917 previa a proibição aos clérigos de tomar qualquer parte nas *guerras civis e nas perturbações da ordem pública*. O novo Código não legisla nada sobre isso. A razão apresentada pela Comissão de reforma é que "há momentos na história de um país nos quais os clérigos não podem ficar indiferentes" (COMMUNICATIONES, 14 [1982]: 83).

16. Isenções de deveres aos diáconos permanentes

Os diáconos são as pessoas inseridas no primeiro grau do estado clerical, através do Sacramento da Ordem. São diáconos transitórios, se aspiram ao presbiterato. Caso contrário, são diáconos permanentes.

Vivendo no século e exercendo seu ministério na Igreja, os diáconos permanentes não estão sujeitos aos seguintes deveres:

1) À obrigação do hábito eclesiástico (cânon 284).

2) À proibição de exercer cargos públicos que comportem a participação no poder civil (cânon 285, § 3).

3) À proibição de assumir a administração de bens temporais próprios dos leigos, bem como os cargos que impliquem prestações de contas (cânon 285, § 4).

4) À proibição de assumir obrigações que impliquem compromissos de pagamentos (cânon 285, § 4).

5) À proibição de exercer atividades comerciais (cânon 286).

6) À proibição de haver parte ativa em partidos políticos e na direção de movimentos sindicais (cânon 287, § 2).

17. O dever de não exercer o serviço militar

Os clérigos estão proibidos ao serviço militar (cânon 289), salvo restando com a licença do ordinário, sobretudo porque é uma atividade incompatível com o estado clerical. O serviço militar tem suas próprias regras, que *grosso modo* impediriam os clérigos de viver, segundo os compromissos próprios do estado clerical. Além do mais, a Constituição brasileira estabelece, no artigo 92, que "as mulheres e os eclesiásticos ficam isentos do serviço militar em tempo de paz, sujeitos, porém, a outros encargos que a lei lhes atribuir". Por *eclesiásticos*, entendem-se os ministros ordenados de um culto oficialmente registrado e os professos de votos perpétuos dos institutos religiosos. Os seminaristas conseguem adiamento de incorporação, durante os estudos num seminário, vindo a receber posteriormente a dispensa do serviço militar. São enquadrados no mesmo cânon também os religiosos consagrados (cânon 672).

O segundo parágrafo do cânon 289 estabelece a isenção, à qual os clérigos podem usufruir em relação aos encargos e cargos públicos do Estado. Justifica-se aqui a mesma incompatibilidade prevista no cânon 287. Os clérigos, via de regra, não devem assumir cargos ou ofícios que lhes venha prejudicar a sua índole clerical, no seu serviço peculiar ao Povo de Deus. De outro lado, os clérigos estariam tirando dos leigos o que lhes é próprio, no exercício das atividades temporais, políticas e civis. Somente em casos particulares, a serem deliberados pelo próprio ordinário, os clérigos poderiam exercer livremente esses ofícios.

IV
Os direitos e deveres das fiéis religiosas e religiosos consagrados

O capítulo VI da *Lumen Gentium* é dedicado aos religiosos e religiosas consagradas. Este capítulo compreende tanto os institutos religiosos quanto os institutos seculares (cânon 573-730). A vida religiosa consagrada é reconhecida dentro da Igreja como estado, à semelhança do estado clerical e do estado laical. Por isso, faz-se necessário abordar a identidade própria deste estado, naquilo que lhe é peculiar, em confronto com a dignidade dos fiéis leigos.

Quando se aborda uma questão de tão vasta panorâmica, como a vida religiosa consagrada, se deve catalisar os seus elementos teológicos essenciais. Destacam-se três elementos teológicos de maior relevo na compreensão teológico-jurídica atual da Igreja:

1) A consagração é uma doação total a Deus e ao seu amor supremo, como resposta ao chamado divino, de acordo com a *Lumen Gentium*, seguindo os passos de Cristo sob a ação do Espírito Santo.

2) Os religiosos consagrados, através deste estado de vida, dedicam-se à glorificação de Deus, na edificação da Igreja e na salvação do mundo.

3) A busca da perfeição evangélica torna-se, assim, um sinal da caridade presente e atuante no mundo, como um sinal escatológico da presença de Deus.

A vida religiosa é uma especial dedicação de si mesmo, na qual Deus chama ao religioso e ele responde a Deus, doando-se inteiramente a Ele. Assim, o religioso, nesta resposta, faz um pacto com Cristo, destinado ao culto de Deus (finalidade cultual) e ao serviço à Igreja (finalidade apostólica, cf. CONTI, 1999: 18). A sua raiz profunda encontra-se na consagração batismal (LG 44; PC 5; cf. CONTI: 18).

O fundamento basilar deste estado de vida é a busca da perfeição, como ideal evangélico, que exige a renúncia de tudo para seguir a Cristo. "Se quiseres ser perfeito, vai, vende tudo que tens, dá aos pobres, e terás um tesouro nos céus; depois vem e me segue" (Mt 19,21). A obediência a Deus transforma-se no primado da vontade do seguimento de Cristo pobre e desapegado de tudo. É uma renúncia efetiva, em vista do estado de perfeição que se abraça. Mesmo sendo estranha ao mundo, a renúncia transforma-se numa total dedicação ao Reino, na busca constante da santificação de si mesmo e do mundo onde se é inserido. Na pergunta feita a Jesus se era melhor não se casar, o Mestre responde: "Nem todos são capazes de entender isso, mas somente aqueles a quem foi dado" (Mt 19,10-11). Trata-se, portanto, de um estado especial de vida, diferente dos demais (estado clerical e estado laical, cf. DANIÉLOU, 1965: 1.094). É especial porque é caracterizado como um estado de vida que responde ao chamado de Cristo para consagrar-se a Deus durante toda a vida, vivendo em pobreza, obediência e castidade. Este chamado é feito tanto aos fiéis leigos quanto aos fiéis clérigos. No entanto, é a resposta ao chamado que caracteriza este estado como diferente dos demais. Os fiéis leigos são chamados a viverem na *sanctificatio mundi*, sem necessariamente professarem os conselhos evangélicos. Os fiéis clérigos, mesmo vivendo no celibato, necessariamente não precisam professar os conselhos evangélicos, como é típico dos clérigos seculares. Portanto, este estado é diferente, porque é "distinto rispettivamente dal laicato e dal sacerdozio per la sua funzione nella Chiesa e per l'impiego dei mezzi di santità" (DANIÉLOU, 1965: 1.097).

Antes de tudo, deve-se evidenciar a diferença do *modus vivendi* dos conselhos evangélicos, como sendo uma característica peculiar do estado religioso. Na condição comum de todos os fiéis cristãos, todos podem ser chamados à santidade, sendo esta uma vocação universal e, ao mesmo tempo, individual. Por isso, todos são chamados à edificação da Igreja, dando glória a Deus, sendo um sinal visível desta santidade e da visão escatológica da Igreja. Os mesmos elementos evidenciados na vida religiosa consagrada podem ser vividos por qualquer fiel cristão, independentemente da sua identidade própria, ou seja, na condição de fiel leigo, fiel religioso consagrado ou fiel clérigo. Os elementos teológicos do estado religioso, assim, não somariam nada à condição do simples fiel leigo, porque todos os fiéis são chamados a uma verdadeira regeneração em Cristo, através da consagração batismal. Todos são chamados à perfeição evangélica da caridade, sendo testemunhas da caridade cristã e de ressurreição no sentido transcendente e escatológico da vida cristã. Por isso, não se trata de uma santidade heroica a busca da santidade pelos religiosos consagrados, mas uma resposta diferenciada em relação aos demais estados ao chamado de Cristo à perfeição evangélica (THILS, 1964: 13). Trata-se de uma resposta radical ao chamado, no empenho total de toda a vida, à consagração a Deus e aos irmãos.

A prática dos conselhos evangélicos não deriva nem da essência do estado laical nem da essência do estado clerical. Esta prática deriva da essência do estado religioso na vida consagrada (DANIÉLOU, 1995: 1.097). Os conselhos evangélicos brotam, crescem e se desenvolvem a partir da profissão religiosa, como elemento constitutivo da mesma. Nesta compreensão entra a natureza teândrica da profissão. A natureza teândrica é a sua carteira de identidade. Sem esta compreensão, o pensamento teológico e eclesial sobre a vida religiosa seria carente de fundamentos (BONI, 1998: 22). O estado religioso, oriundo da profissão, constitui a essência dos referidos conselhos, e não o contrário.

Em relação ao celibato, mesmo que se insistisse em colocá-lo na mesma linha de pensamento, ou no mesmo estado dos que vivem e professam os conselhos evangélicos, este não consistiria a essência própria de tal estado. O celibato sacerdotal não é parte integrante da essência do ser sacerdotal, mas é uma promessa, consequência da vida sacerdotal enquanto finalidade do sacerdócio, ou seja, em vista da sua total dedicação ao Reino (cf. BONI, 1979: 15-27). A promessa do celibato sacerdotal entra na esfera de suas exigências próprias, não na mesma esfera dos conselhos evangélicos professados. Caso contrário, "il celibato sacerdotale apparirebbe come una partecipazione imperfetta a ciò che i religiosi praticano più perfettamente" (DANIÉLOU, 1965: 1.097).

O que é específico, portanto, na vida religiosa consagrada é a raiz desta, que se radica na profissão dos conselhos evangélicos de castidade, pobreza e obediência, por meio da profissão destes conselhos e das suas obrigações inerentes (LG 44). É um pacto livre entre Deus e o religioso, ratificado pela Igreja. É a resposta ao chamado de Deus, no abraço deste estado de vida com a totalidade de seu conteúdo, diferenciando assim este estado dos demais estados no inteiro Povo de Deus.

Uma vez evidenciado isso, deve-se individuar a sua identidade dentro da estrutura eclesial.

Afirmar que a vida religiosa pertence à hierarquia da Igreja seria entrar em contradição com a *Lumen Gentium*, que determina a vida religiosa "ad Ecclesiae structuram hierarchicam non spectat" (LG 44). Porém, o estado religioso, mesmo não fazendo parte da sua estrutura hierárquica, está em íntima relação com o fim da Igreja, ou seja, a sua santidade (cf. PAPA PIUS XII, *Provida Mater*

Ecclesia: 116). A Igreja seria incompleta sem este estado e a sua finalidade específica, que a conduz à plena união com Cristo, a ser consumada no fim dos tempos e já presente na sua atualidade, graças ao serviço que a vida religiosa presta neste campo eclesial (DANIÉLOU, 1965: 1.098), contribuindo, assim, ao todo do Povo de Deus na edificação do Reino.

O reconhecimento do estado religioso consagrado dentro da estrutura eclesial não é fruto apenas do último concílio ecumênico da Igreja. A preocupação com este estado de perfeição sempre foi uma constante intenção da Igreja. O Papa Pio XII, por exemplo, reconhecia o estado religioso como parte integrante dos três estados presentes na Igreja universal (PAPA PIUS XII, *Provida Mater Ecclesia*: 116). Este estado adquire a sua estrutura fundamental na profissão dos conselhos evangélicos (FAGIOLO, s.d.: 11), fazendo parte da atual estrutura canônica da Igreja. No pensamento de Pio XII, a vida religiosa é reconhecida na Igreja como seu patrimônio, expressada na finalidade da santificação pessoal de seus membros, bem como de todos os fiéis cristãos. Com o seu exemplo e testemunho, os religiosos consagrados demonstram ser sinais vivos da existência de valores superiores e eternos (PAPA PIUS XII, *Sedes Sapientiae*: 360). No caminho escolhido em busca da santificação pessoal e comunitária, seguem aquela estrada estreita (LG 13), diante da liberdade de escolha proposta hoje pela Igreja, na panorâmica dos três estados de vida possibilitados a todos os fiéis cristãos. Trata-se de uma escolha, que exige sacrifício e renúncia contínua de si mesmo, em vista de um bem maior.

Existe um estreito nexo entre vida religiosa e vida eclesial. Paulo VI afirma que a vida religiosa é um testemunho público e social da Igreja. Essa serve de estímulo aos fiéis leigos na constante renúncia dos valores meramente mundanos (PAPA PAULUS VI: *Magno Gaudio*: 566).

A consagração, através da profissão religiosa, concretiza-se por meio do ministério da Igreja. É uma resposta ao chamado específico, que se concretiza na renúncia dos valores meramente mundanos, à plena dedicação ao serviço de Deus, numa consagração profundamente enraizada na consagração do batismo. Por isso, os religiosos consagrados aderem a Deus de mente e de coração no ardor apostólico, como constante dedicação integral de sua pessoa na colaboração e redenção do Reino de Deus (PC 5).

Um religioso poderia viver a dimensão da *sequela Christi*, sendo consagrado diretamente por Deus, vivendo solitariamente esta dimensão. Porém, sem a profissão religiosa, feita nas mãos da autoridade competente reconhecida pela Igreja, esta consagração é válida, enquanto individual na relação com Deus, mas não é válida publicamente na Igreja (cânon 654-658).

Portanto, nenhum membro de um Instituto de vida religiosa consagrada está autorizado a viver uma consagração individualista, voltada apenas para os seus interesses pessoais, em modo egocêntrico. A profissão dos conselhos evangélicos exige a constante renúncia de si mesmo para dedicar-se inteiramente à vida da Igreja no serviço do Reino.

A profissão religiosa é um ato público de plena consagração dentro da Igreja a serviço da salvação do mundo. A profissão torna-se um pacto *sponsale* no qual a pessoa consagra-se totalmente ao culto de Deus e ao serviço da Igreja, sendo um ato que concorda com o Evangelho e de acordo com a vida eclesial. Esse ato somente será válido se for aceito e homologado pela competente autoridade da Igreja com uma inscrição oficial num instituto, no catálogo dos religiosos consagrados, na finalidade dos seus efeitos teológicos e jurídicos (CONTI, *Codice di Comunione*: 20).

Na consagração, é Deus quem toma a iniciativa. Porém, esta iniciativa exige a resposta da parte do consagrado, concretizando assim o chamado peculiar à santidade do batismo. A consagração parte da iniciativa de Deus, porém o sujeito da consagração é o religioso, que desenvolve os talentos recebidos no batismo através do compromisso cotidiano na sua inserção no mundo e na Igreja. Contribuem, assim, à santidade da Igreja enquanto vivem e operam dentro desta. Jamais podem viver uma vida isolada da estrutura da Igreja, porque fazem parte da sua constituição enquanto Povo de Deus. Os religiosos, ainda mais, devem afastar toda e qualquer ideia de privilégio ou de uma casta social dentro da Igreja. Antes de tudo, eles devem tomar consciência da sua pertença no inteiro Povo de Deus, como membros da comunidade eclesial. Na cooperação com os bispos nas Igrejas particulares e na atuação universal na Igreja (SACRA CONGREGATIO PRO RELIGIOSIS ET INSTITUTIS SAECULARIBUS-SACRA CONGREGATIO PRO EPISCOPIS, Normae *Mutuae Relationes*, 14/05/1978), jamais podem considerar-se membros estranhos. Devem, sim, considerar-se membros ativos da estrutura eclesial (HERBAS BALDERRAMA, 1998: 199). Os bispos, por sua vez, devem incentivar e promover a presença da vida religiosa, sobretudo nos lugares onde esta ainda não foi implantada. O seu escopo na missão da Igreja é atrair vocações a este estado de vida (cf. DANIÉLOU, 1965: 1.098).

Sendo assim, a vida religiosa consagrada desempenha um papel muito importante dentro da comunidade eclesial, através da sua identidade eclesiástica de cooperação no contexto dos três estados da Igreja, com a sua estruturação teológico-jurídica a serviço de todo o inteiro Povo de Deus. Embora não faça parte diretamente da estrutura hierárquica da Igreja, faz parte indiretamente, através do serviço que seus membros prestam à Igreja, quando recebem a missão canônica no episcopado, no presbiterato e em todo e qualquer ofício ou encargo favorecido pela autoridade competente da Igreja. Esses ofícios e encargos são dinamizados mediante a missão canônica, e podem ser confiados tanto aos religiosos clérigos quanto aos religiosos leigos, sempre no âmbito da competência de cada um, cooperando, assim, no exercício do poder de regime da Igreja.

Desse modo, são abordados abaixo alguns direitos e deveres específicos dos religiosos consagrados:

1. O dever de obedecer a Regra e as Constituições

A essência da vida consagrada é o especial seguimento de Jesus Cristo (PC 2; cânon 577), no meio das outras formas de seguimento, devido à total consagração a Deus e devido aos relativos compromissos assumidos, perante os sagrados votos. Assim, a Regra Suprema do Instituto é o seguimento de Cristo, presente no Evangelho (cânon 662). As Constituições tornam-se o espaço privilegiado onde são delineadas as normas fundamentais e próprias de cada instituto. Essas normas permeiam a conduta de todos os membros de um instituto, nas suas peculiaridades próprias, de acordo com a forma de vida escrita na Regra, aprovada pela autoridade suprema da Igreja.

Tendo claro qual é o fundamento e o carisma de cada instituto, devidamente proposto na Regra, indicam-se os critérios e modalidades de fundo para realizar esse seguimento, de acordo com os pilares básicos do Evangelho.

Por outro lado, a proposta do Evangelho abarca uma ampla gama de carismas na concretização do seguimento de Cristo. Daí a necessidade de as Constituições expressarem qual é o carisma específico de cada instituto, diante dos multiformes dons do Espírito Santo. Uma vez assumido o projeto do Fundador(a), esse projeto torna-se coletivo, evitando-se todo e qualquer interesse pessoal ou individual em seguir carismas paralelos, não expressos na Regra e institucionalizados nas Constituições. Todo e qualquer projeto pessoal permanece à deriva das Constituições, salvo restando que seja um projeto de recuperação de outros carismas presente no mesmo projeto do fundador, não expressos ainda e nem reconhecidos pela Igreja. Por isso, a Igreja age sempre com cautela, quando surgem seguidores isolados ou movimentos paralelos às Constituições. Somente o tempo poderá cristalizar tais movimentos, para que sejam reconhecidos pela autoridade competente da Igreja.

Vale ressaltar ainda que as Constituições são objeto de segurança, para que a seriedade do carisma do fundador não se perca e que se conserve a sã tradição do instituto.

2. O dever da vida de piedade

O conteúdo deste cânon 663 é dividido em cinco parágrafos, onde são propostos os meios espirituais básicos e indispensáveis para viver melhor no seguimento de Cristo.

2.1. A constante união com Deus

Na experiência religiosa, assumida publicamente pelos consagrados, a contemplação é o vértice de sua consagração. É a respiração do consagrado, efetuada em pulmões, ou seja, o pulmão da doação a Deus e o pulmão da doação aos irmãos. A imersão no mistério de Deus proporciona ao consagrado a insaciável busca da Verdade e do Amor, na sua compenetração divina, a ponto de afirmar como Paulo: "Não sou eu que vivo, mas é Cristo que vive em mim" (Gl 2,20).

A contemplação é o dever fundamental de todo consagrado, como afirma o parágrafo inicial desse cânon, na finalidade de haver a íntima união com Deus na oração. Nesse modo, a contemplação não consiste em meras orações, mas na conversão do consagrado em orações. No seu itinerário, ele deveria chegar ao cume da montanha espiritual, a ponto de não ser apenas um religioso (*status*), mas um religioso-oração.

2.2. A vida eucarística

Quantas vezes por semana a gente deve participar da Eucaristia?

O fundamento da Igreja, esposa de Cristo, é a Eucaristia. Ela é o coração da Igreja.

A normativa do cânon em foco não obriga à participação diária da Eucaristia. O cânon afirma que "membros, quanto possível, participem..." Esse quanto possível corresponde a *na medida do possível*, de acordo com a sua disponibilidade de tempo e das condições de cada membro. A exigência da participação diária da Eucaristia pode estar diretamente ligada ao direito particular do Instituto de Vida Consagrada ou da Sociedade de Vida Apostólica.

Será que a participação diária da Eucaristia equivale à participação na missa?

A interpretação vinculada à missa diária estava ligada a uma época da história em que não havia a escassez de sacerdotes, como vivemos na atual conjuntura de nossa Igreja. Não podemos esquecer que o direito particular de muitos Institutos de Vida Consagrada foi escrito no contexto europeu, ou copiado de Regras e Constituições desse contexto, em que não havia falta de sacerdotes para presidir a Eucaristia diariamente nas fraternidades dos institutos religiosos. Hoje, vivemos em outra época. Seria injusto, por exemplo, privar uma comunidade de fiéis que tem uma única chance de participar da missa, presidida por um sacerdote que somente tem aquele momento disponível, só porque tal sacerdote estaria empenhado, celebrando para um grupo de religiosas, enclausuradas ou semienclausuradas. Outrossim, sobrecarrega-se a atividade sacerdotal, multiplicando missas diárias, que muitas vezes são celebradas em modo mecânico, só porque lhes é solicitado esse serviço por parte de certos grupos. Isso tudo quando não se tem um *personal padre*, que é chamado a cada instante para satisfazer a grupos ou corporações interesseiras.

Na compreensão eclesiológica favorecida pelo Vaticano II, participar da Eucaristia não se resume a participar da missa. Um grupo pode, devido a escassez de sacerdotes, participar da celebração da Palavra, podendo comungar com a Eucaristia presente no tabernáculo, desde que haja um ministro extraordinário designado a essa função (cânon 910, 2). Por consequência, não entendo por que certas religiosas ou grupos de interesse continuam a insistir e a sacrificar sacerdotes, superatarefados, para presidir-lhes a Eucaristia, somente para cumprir o preceito. Não seria mais interessante que elas também fizessem uma boa celebração da Palavra, com a distribuição da Eucaristia, como a maioria das comunidades eclesiais da América Latina já vem fazendo? A meu juízo, tais religiosas, movidas pela boa intenção, não estariam violando a norma da Eucaristia diária, presente no direito particular. Isso ajudaria inclusive a alargar a compreensão do ser Igreja hoje, numa participação eficaz e profícua da Eucaristia.

Por outro lado, a participação na Eucaristia, sempre que possível quotidianamente, não deveria ser encarada como obrigação ou norma externa, que induza o consagrado a participar dela. O sacrifício eucarístico é uma riquíssima fonte para a alimentação da vida espiritual (PC 6). A recepção do Corpo de Cristo e a sua Adoração, deveria ser motivo de privilégio a todo religioso consagrado, na dimensão de sua consagração a Deus e à Igreja. Ele deveria ser motivado a mergulhar no Mistério eucarístico, para haurir dele as energias e forças necessárias e suficientes de sua forma de vida.

As Constituições dos institutos podem deliberar ainda os momentos, ou fixar os dias em que se possa cumprir comunitariamente esse princípio, deixando ao mesmo tempo muito espaço para a iniciativa privada do religioso. Esse tempo deve corresponder ao trabalho e à missão desempenhada pelo religioso, que nem sempre pode estar presente nos atos comunitários. Assim, nenhum superior competente está autorizado a impor ao religioso a participação diária na Eucaristia, porque se poria em xeque a liberdade de consciência do consagrado em relação a um ato tão sublime e tremendo. Portanto, essa liberdade deve ser respeitada de maneira absoluta (SACRA CONGREGATIO DE DISCIPLINA SACRAMENTORUM. Instr. *Reservata Postquam*, 08/12/1938). Por tabela, também não se pode proibir o acesso à comunhão (cânon 912), salvo restando a normativa do cânon 915 na relação com o cânon 1331 e 1332, onde se exclui da comunhão somente os excomungados e interditos, após a sentença constitutiva ou declarativa e aos que "obstinadamente perseveram em manifesto pecado grave".

Sob a guisa da Eucaristia, cabe lembrar ainda que em cada casa religiosa devidamente erigida deve haver a presença de um oratório em que se celebre e se preserve a Eucaristia (cânon 608).

2.3. As práticas pessoais de piedade

Dentre as possíveis práticas pessoais ou outros exercícios de piedade, o terceiro parágrafo do cânon 663 destaca a leitura assídua da Sagrada Escritura, a oração mental e a Liturgia das Horas.

A Palavra de Deus, ancorada no Verbo encarnado, além de ser objeto da leitura pessoal diária, inspira a *lectio divina* (leitura inicial; reflexão; assimilação; elevação mística; contemplação). A meditação da Palavra de Deus, através da prática cotidiana, é o exercício da harmonia interior, instaurando assim um diálogo com o Espírito do Senhor, através do silêncio.

O direito próprio de cada instituto deve estabelecer a prática comunitária e pessoal da meditação, de acordo com o seu carisma.

Já a Liturgia das Horas é uma prática, por excelência, de piedade pessoal e comunitária, com Cristo e com a Igreja. Essa prática deve ser concretizada, segundo as normas do direito próprio, salvo restando a obrigação dos clérigos, a partir do diaconato (cânon 276, § 2, 3º). As Constituições, no entanto, podem obrigar a sua celebração, inclusive para os irmãos leigos, em comum, em privado, na íntegra ou parcialmente. Privilegiam-se as Laudes e Vésperas.

Considerando que prática da Eucaristia não é obrigação diária, mas recomendação, por que a Liturgia das Horas torna-se uma obrigação?

Em se tratando de vida de piedade, a Liturgia das Horas é a única obrigação expressa no atual Código. Não se encontra outro fundamento nessa obrigação, a não ser o argumento da tradição. Se a Eucaristia foi celebrada uma única vez, por Cristo e seus apóstolos, já a Liturgia das Horas era uma prática diária, desde o Antigo Testamento, através do *Shemá Israel* (ouve, Israel...), que se rezava no nascer e no pôr do sol. Além do mais, essa tradição enraíza-se profundamente na vida monástica, onde se desenvolveu a vida consagrada. Daí, o gancho da obrigação, sobretudo aos clérigos, que na história da Igreja tiveram que absorver muitas práticas religiosas, tendo como modelo a vida religiosa consagrada, sobretudo no exemplo do celibato (cf. CONCILIUM OECUMENICUM LATERANENSE I: cânon 7).

As outras práticas ficam a critério do direito próprio. Em sintonia com a prática eclesial de cada região, poderiam ser citadas: a via-sacra, as novenas, as devoções a santos.

2.4. O culto especial à Virgem Maria

No projeto de Deus, Maria Santíssima intermediou a história da Salvação, através do seu sim ao anjo, pelo exemplo de vida e pela prática das virtudes. Ela foi a Criatura excelsa de Deus, na qual todo religioso consagrado deve espelhar-se, percorrendo com ela o caminho em busca da perfeição dos conselhos evangélicos. As Constituições de cada instituto prescrevem como deve ser essa prática devocional. O Código enumera uma das práticas, nesse parágrafo, "também com o rosário mariano". É uma proposta, não uma obrigação, motivada também no cânon 246, § 3. Confira também os cânones: 276, § 2, 5º e 1186. No entanto, a partir da normativa do Código, não se deduz que a recitação do terço deva ser diária, como muitos devotos de Maria continuam a insistir. Volto a enfatizar que a única prática diária, expressamente obrigatória no Código, é recitação da Liturgia das Horas.

2.5. A fidelidade do retiro anual

Nesse particular, o Código é taxativo: "Observem fielmente os dias de retiro anual". Porém, o Código não entra em detalhes sobre o tempo, o tema e a modalidade. Esses detalhes podem ser legislados no direito próprio de cada instituto.

Reservar um tempo para o retiro anual na agenda pessoal e comunitária é agir com sabedoria, porque o retiro é o modo pelo qual o consagrado para, faz uma revisão de vida e retoma o fôlego de seu itinerário espiritual. Deixar de lado essa prática pode ir aos poucos provocando no religioso um sentimento de vazio ou de inconstância em sua disciplina religiosa. O retiro é uma espécie de *balanço moral*, que requer do religioso um tempo para que sejam incrementadas a sua prática religiosa e suas relações humanas. Quem faz o retiro anual não "perde tempo". Ele ganha fôlego em sua busca interior e exterior, passando do indiferentismo, dando um salto de qualidade na sua praxe vivencial, eivada de novas cores nos matizes de sua seara de atuação.

3. O dever da contínua conversão

A busca de Deus no itinerário da vida consagrada supõe a conversão contínua para viver o seu projeto de amor. A conversão que é abordada no cânon 664 supõe a separação de tudo aquilo que não pertence inteiramente a Deus. Entrar num processo de contínua conversão, de acordo com a ascese proposta em cada instituto, significa adentrar nas verdadeiras práticas penitenciais e de sãs mortificações, que a tradição da Igreja sempre reconheceu como necessárias à união com Deus. A finalidade de tal ascese penitencial é para favorecer o testemunho de vida, sobretudo da vida consagrada.

E o que dizer do comportamento de certos religiosos consagrados?

Muitos religiosos consagrados ostentam, no atual momento, comportamentos estranhos à forma de vida. A escolha das roupas, dos restaurantes a serem frequentados, do carro da última geração, da escolha de certos computadores e softwares, que, de certa forma, debilitam o viver em modo mais modesto. Por consequência, cativam poucos pelo seu exemplo de vida. O discurso é oco, quando falta o bom exemplo.

O cânon em foco solicita também o *exame de consciência*, a ser feito diariamente. Trata-se, mais uma vez, de uma recomendação de foro interno. Do ponto de vista jurídico, ninguém está autorizado a julgar se essa prática está sendo feita ou não. Dependerá, logicamente, das práticas religiosas pessoais, que toda pessoa consagrada deveria empreender na seara de sua consagração.

Em relação à *confissão*, uma das perguntas que surge é: Quantas vezes a gente deve se confessar?

O Código de 1917 exigia que os religiosos se confessassem ao menos uma vez por semana (cânon 595, § 1, 3º). Mais tarde, a Sagrada Congregação dos Religiosos decretou que essa confissão fosse feita duas vezes ao mês (cf. SACRA CONGREGATIO PRO RELIGIOSIS ET INSTITUTIS SAECULARIBUS. Decretum Dum caniacarum legum, 08/12/1970). Essa flexibilidade surgiu devido à escassez de sacerdotes e à dificuldade dos mesmos chegarem em regiões longínquas, em especial nas terras de missão.

4. O dever da residência comunitária

O eixo central do cânon 665 é a vida comunitária a ser perseguida nos institutos. Para nós religiosos consagrados, em vez da palavra *comunitária*, preferimos a palavra *fraterna*, porque ela expressa melhor essa finalidade (cânon 602). Recordemos aquele velho adágio usado pelos religiosos: "As galinhas também têm vida em comum, porém não vivem a fraternidade".

O que está em jogo na exigência da vida *fraterna* é a separação do mundo (cânon 607, § 1). Separação não significa fuga, porém a vivência dos valores religiosos num espaço favorável à moradia fraterna, que permita a prática da ascese própria de cada instituto, no testemunho do Evangelho (cânon 673). Essa vivência deve corresponder aos conselhos evangélicos, de acordo com a diversidade dos carismas de cada instituto (cânon 607, § 3).

Assim sendo, são delineadas algumas obrigações comuns:

4.1. A residência na fraternidade

Poderia um religioso viver num apartamento e ao mesmo tempo ser fraterno com os demais membros do instituto?

Considerando que a vida fraterna é uma exigência lógica do instituto, o melhor modo de favorecê-la é dentro de uma fraternidade estavelmente constituída. Salvo restando por justa necessidade, morar sozinho num apartamento ou em qualquer outra residência (república de estudantes, casa pessoal ou de família) seria incompatível com o compromisso assumido ao entrar para o instituto.

Quando se trata de uma ausência prolongada, isto é, por mais de um ano, o Código determina que é necessário haver a permissão do superior, com o consentimento de seu conselho. É claro que essa permissão tem como pressuposto a missão recebida, segundo a sua natureza. A ausência justifica-se para a finalidade da missão em si mesma, por motivo de estudos, doença, estágio.

4.2. A ausência prolongada e ilegítima da fraternidade

Como vimos acima, a ausência prolongada pressupõe um justo motivo. Quando a ausência é feita por conta própria, sem a permissão do superior, com o consentimento do seu conselho, é necessário que o superior admoeste o religioso ao retorno. Vejamos como isso acontece, com um exemplo prático:

Setímio Caracala resolveu abandonar o instituto, vivendo fora da fraternidade do instituto de 1992 até o ano de 2000. Por pressão de um bispo local, o superior veio a saber que Setímio estava assistindo matrimônios ilicitamente. Como proceder diante de tal caso?

1) Considerando que o gesto do religioso que se ausenta da casa onde ele está devidamente inscrito, sem a devida permissão, entra em contraste com os requisitos próprios da sua índole religiosa, dos conselhos evangélicos que professou em tal instituto.

2) Considerando que houve uma *ausência prolongada* e esta não foi consentida pelo superior, com o seu Conselho.

3) Considerando a possível intenção do religioso, de se livrar da obediência do superior, no escopo de *reconquistar* sua própria liberdade, pelo fato de estar passando por uma crise, salvo restan-

do que estivesse passando por perturbações psíquicas, e não houve um diálogo fraterno.

4) Considerando que não constam nos arquivos do instituto cartas e admoestações dirigidas ao religioso, exortando-o a retornar ao instituto.

PROCEDA-SE aos seguintes passos:

1º) O superior deve expressar sua solicitude fraterna, ajudando o religioso à perseverança, tendo a atitude do bom pai que acolhe de volta à casa paterna o filho pródigo (Lc 15,1-32).

2º) O secretário da província ou congregação reúna e complete todas as provas a serem anexadas ao processo.

3º) O superior admoeste o religioso, por escrito, ou diante de duas testemunhas, com a explícita ameaça de subsequente demissão. Caso não se emende, proceda a uma segunda advertência (admoestação), no prazo de quinze dias a partir da data da primeira. O religioso sempre tem o direito de contestá-la. Caso não o faça, consente.

4º) Se a segunda admoestação foi inútil, depois de passados quinze dias (prazo para o direito de recurso do religioso), transmita os autos ao Moderador supremo, assinados por ele (superior maior), pelos membros do Conselho e pelo notário (Secretário da Província).

5º) Se todas as tentativas acima foram sem êxito e se a *ausência foi ilegítima* (cânon 665, § 2) e houve *negligência habitual nas obrigações da vida consagrada* (cânon 696), o Moderador supremo, com o consentimento de seu Conselho, proceda à *demissão do religioso* (cânon 697).

É importante lembrar que se o instituto é de direito pontifício, todos os autos devem ser remetidos à Congregação para os Institutos de Vida Consagrada e Sociedades de Vida Apostólica, para serem homologados pela mesma. Se o religioso é também clérigo, o processo é duplo, sendo necessário o indulto do Sumo

Pontífice, através da Congregação para o Clero e da Congregação para o Culto Divino e a Disciplina dos Sacramentos.

5. O dever da necessária discrição nos meios de comunicação

O cânon 666 é uma exortação, para que os religiosos sejam prudentes e sábios no uso dos meios de comunicação social. Esses meios são as cartas, o telefone, a TV, o vídeo, o DVD, o cinema e, sobretudo, a internet.

A essência do cânon não consiste na fuga, ou seja, no não uso desses meios. O que está em destaque é a prudência nesse uso, através da escolha dos programas e no modo de assimilá-los. Esses meios modernos e ultramodernos têm um alto poder de persuasão, que facilmente podem induzir o religioso a uma fuga do silêncio, da meditação e da contemplação. É bem mais fácil deixar-se seduzir por um bom programa de televisão do que encarar a seriedade de meia hora de meditação diária. Por isso, o Código interpela os religiosos à seriedade e à qualidade de vida interior, no contato com esses meios.

6. O dever de observar a clausura

A questão da clausura é muito debatida, sobretudo com a abertura favorecida pelo Vaticano II. Porém, vale lembrar que um espaço reservado na fraternidade aos religiosos é fundamental, para favorecer o melhor encontro com Deus, pelo silêncio, pela oração e pelo próprio encontro fraterno. Assim como na casa de família as visitas não entram em todos os espaços, nas casas religiosas nem todos os espaços deveriam ser abertos às visitas.

Assim sendo, o cânon 667 é desmembrado em quatro parágrafos, de acordo com o tipo de clausura de cada instituto:

6.1. A clausura comum

É o espaço reservado em cada casa religiosa, seja masculina ou feminina, conforme a natureza e missão do instituto, de acordo com o que estabelece o direito próprio. Nesse particular, há fraternidades, por exemplo, que determinam a clausura apenas na área das celas (quartos). Outras já incluem o refeitório, a capela e sala de estar. Isso depende muito de cada instituto, segundo as suas normas particulares ou peculiares.

6.2. A clausura mais estrita

Essa clausura é incorporada pelos institutos de vida contemplativa, a ser determinada no direito próprio.

6.3. A clausura papal

De acordo com o concílio, a clausura papal é uma exigência direcionada aos institutos de vida exclusivamente contemplativa (PC 10).

Além do direito universal e próprio, a clausura papal deve seguir as normas emanadas nos sucessivos documentos da Igreja. A Instrução *Venite seorsum*, da Sagrada Congregação para os Religiosos e Institutos Seculares (cf. SACRA CONGREGATIO PRO RELIGIOSIS ET INSTITUTIS SAECULARIBUS. Instructio *Venite Seorsum*, 15/08/1969), emanada em 1969, regulamenta a vida interna desses mosteiros, a saída das monjas, bem como das possíveis visitas de externos na clausura papal, conforme o resumo que segue:

Em relação à saída das monjas da clausura, salvo restando com indulto da Santa Sé, somente é permitido:

1º) Em caso de gravíssimo e iminente perigo de morte.

2º) Com o consentimento da superiora e do ordinário do lugar, em caso de necessidade de consulta médica; para acompanhar uma monja enferma; para realizar um trabalho manual no âmbito dos confins do mosteiro; para um ato jurídico civil; para um ato de administração, que não pode ser efetivado por procuração.

Em relação ao ingresso de pessoas no mosteiro, o resumo que segue é baseado na Instrução *Verbi Sponsa* (CONGREGAÇÃO PARA INSTITUTOS DE VIDA CONSAGRADA E SOCIEDADES DE VIDA APOSTÓLICA, 13/05/1999). Essa instrução estipula que o ingresso na clausura papal é permitido, salvo indultos particulares da Santa Sé, às seguintes pessoas:

1º) Aos cardeais, com um acompanhante.

2º) Aos Núncios e aos Delegados Apostólicos nos lugares sujeitos à sua jurisdição.

3º) Ao Visitador durante a visita canônica.

4º) Ao ordinário local ou ao superior regular, por uma justa causa.

Com licença da superiora, é permitida a entrada:

1º) Ao sacerdote para administrar os sacramentos às enfermas, para assistir aquelas que se encontram há muito tempo ou gravemente doentes e para, se for o caso, celebrar alguma vez para elas a Santa Missa. Eventualmente para as procissões litúrgicas e os funerais.

2º) Àqueles cujos serviços ou competência sejam precisos para cuidar da saúde das monjas e para prover às necessidades do mosteiro.

3º) Às próprias aspirantes e às monjas de passagem, se tal estiver previsto pelo próprio direito.

Em relação *aos meios de comunicação social*, algumas normas em toda a variedade que hoje se apresenta visam salvaguardar o recolhimento, porque na compreensão comum das irmãs contemplativas pode-se esvaziar o silêncio, quando se enche a clausura de ruídos, de notícias e de palavras. Sendo assim, tais meios devem ser usados com sobriedade e discrição, em relação aos conteúdos e em relação à quantidade de informações e ao tipo de comunicação. O uso do rádio e da televisão pode ser permitido em circunstâncias particulares, de caráter religioso. O uso do fax, telefone celular, internet, por motivos de informação ou de trabalho, pode ser consentido no mosteiro com o prudente discernimento, sobretudo em vista do bem comum do mosteiro, de acordo com as disposições do Capítulo local. O importante em tudo é que as monjas cultivem a necessária informação sobre a Igreja e o mundo, tendo uma formação crítica que as capacite a identificar o essencial, à luz de Deus.

7. O dever do usufruto dos bens materiais em comum

A espinhosa questão da pobreza está mergulhada no princípio fundamental da vida religiosa consagrada, que é a renúncia de tudo aquilo que cria obstáculos ao seguimento de Cristo pobre e crucificado. Na tentativa de seguir as suas pegadas, a vida consagrada formatou os conselhos evangélicos, na exigência e obrigação dos votos. Para seguir o exemplo de Cristo e seus seguidores, o religioso consagrado aceita essa proposta, que requer dele também a renúncia à posse dos bens temporais. Nesse sentido, o presente cânon apresenta quatro pontos fundamentais:

1) A cessão da administração dos bens próprios (patrimoniais).

2) A obrigação do testamento.

3) A aquisição dos bens pelo religioso.

4) A renúncia aos bens temporais.

7.1. *A cessão da administração dos bens próprios*

O primeiro parágrafo do cânon 668 reza que "os noviços, antes da primeira profissão, cedam a administração de seus bens a quem preferirem". Essa exortação se faz necessária, para que o noviço possa, na sua plena liberdade interior, liberar-se de todas as propriedades e posses de bens temporais, sobretudo no que concerne à sua administração.

O tempo de noviciado é um estágio inicial, tendo em vista a futura profissão perpétua. Para tanto, é um treinamento em vista do compromisso posterior. No entanto, não significa que o noviço esteja renunciando a esses bens. A Igreja é muito prudente, tendo em vista a experiência cristalizada em todos os tempos, que muitos noviços desistem da vida consagrada, e ao sair do instituto possam continuar em plena posse de tais bens. Portanto, não está em questão a renúncia dos bens patrimoniais, mas a cessão da administração dos mesmos, que permanecem com pessoas de sua confiança até a renúncia definitiva desses bens.

7.2. *A obrigação do testamento*

É comum nos institutos de vida consagrada solicitar do noviço um testamento por escrito, cujo documento ateste a cessão da administração de seus bens temporais a outrem. A administração, em geral, é confiada aos membros de sua família: pais, irmãos, primos ou até a amigos, quando o noviço não tem outra alternativa. O Código exorta para que esse testamento "seja válido também no direito civil" (cânon 668, § 1).

O novo *Código Civil* legisla sobre três tipos de testamento, ou seja, o testamento público, o testamento cerrado e o testamento particular (Art. 1862). Salvo melhor juízo, a matéria em foco entra na normativa do *testamento público*, que para ser válido deve ser escrito por tabelião e assinado pelo testador, pelas testemunhas e pelo tabelião" (Art. 1864).

Em se tratando do seu caráter temporário, não se recomenda aos institutos enfrentar toda essa burocracia no noviciado. Bastaria um atestado simples, assinado pelo testador, com firma registrada, e duas testemunhas. No entanto, diante da profissão perpétua de seus membros, todos deveriam fazê-lo, considerando a distância que há entre a legislação canônica e a legislação civil. Para o Estado, as coisas devem estar objetivamente documentadas e registradas em cartório, caso contrário, de nada valem.

7.3. A aquisição dos bens pelo religioso

A normativa do terceiro parágrafo do cânon 668 reporta-se ao velho adágio: "Tudo o que monge adquire, o adquire o monastério". Em outras palavras, não é o religioso consagrado o proprietário essencial dos bens temporais, porém o instituto, porque todo o serviço prestado não é em nome próprio, mas em nome da instituição que ele representa.

Essa questão é bastante delicada. Ela pode ser interpretada, *grosso modo*, por dois ângulos. De um lado, existem muitos religiosos que não prestam conta de nada, favorecendo o *caixa dois*, em modo não transparente. Porém, na maioria das vezes, há motivo para essa prática, quando o seu superior acumula tudo e não tem o mínimo de preocupação pela sua vida pessoal. A pessoa é relegada, porque o que interessa, na cabeça de muitos superiores ou ecônomos, é a instituição, não lhe fornecendo o necessário para a sua manutenção pessoal (viagens, coisas pessoais, livros, assistência à saúde).

Por outro lado, há muitos religiosos fiéis ao seu instituto, colocando em comum tudo o que recebem. Assim, se sentem autorizados a solicitar do caixa comum tudo o que se faz mister para viver em modo modesto e desapegado. Digo em modo modesto porque muitos, em nome do caixa comum, não se deixam questionar mais pelo estilo da população de baixa renda, com a qual deveríamos confrontar a cada instante a nossa forma de vida. Esse estilo de vida pode conduzir à ruína a vida consagrada, mesmo colocando em comum tudo que se receba. De qualquer modo, permanece o desafio: tudo o que o religioso recebe, é a fraternidade que o recebe e se preocupa com a sua vida. O superior de instituto é como a mãe que bem cuida de seus filhos.

7.4. A renúncia aos bens temporais

O parágrafo quinto do cânon 668 reza que o religioso que renuncia plenamente a seus bens, renuncia também à capacidade de adquirir e de possuir tais bens. Essa renúncia é estipulada no testamento. A normativa se faz necessária, porque um religioso poderia muito bem renunciar aos bens temporais que possui no momento de sua profissão e não renunciar à capacidade futura. É o caso da herança, por exemplo, que ele poderia adquirir de um parente seu, posterior à profissão perpétua no instituto.

Outra questão que merece ser recordada é o trabalho efetivo do religioso dentro da instituição, a exemplo das escolas, colégios, faculdades. Antes de tudo, faz-se mister distinguir se tal entidade é parte integrante da pessoa jurídica, como mantenedora, ou é uma entidade autônoma. Se pertence à mesma mantenedora do religioso, ocorre verificar nesse caso se o seu permite o pagamento, segundo as leis trabalhistas, aos seus membros. Se o trabalho pode ser remunerado, o fruto da percepção entra no caixa comum da mantenedora. Caso contrário, o religioso não pode reivindicar direitos trabalhistas por seu serviço prestado.

Caso concreto: Frei Gerúndio foi nomeado coordenador do curso de ciências econômicas, ministrado na Faculdade Termas de

Caracala, entidade mantida pela mesma Província de Frei Gerúndio. Exerceu essa função por cinco anos, sem exigir nenhuma forma de pagamento pelos trabalhos prestados. No entanto, no sexto ano de atividade, Frei Gerúndio foi transferido para uma paróquia da Província. Como estava já tomado por uma crise existencial, não aceitou a transferência e prometeu que somente sairia da sua função se fossem pagos todos os serviços prestados, de acordo com "os seus direitos trabalhistas". Além do mais, pediu para sair da Província, para melhor curtir sua crise em outro ambiente. O caso foi até o Tribunal civil e a Província teve que arranjar um advogado para defendê-la. Depois de quase dois anos de contestação da lide, o Tribunal julgou a causa como improcedente, porque no Estatuto Social da Província era prescrito: quem se retirasse da instituição não tinha direito de reclamar parte no Patrimônio, ou reembolso de qualquer contribuição, ou indenização dentro da mesma.

Esse exemplo pode ilustrar a complexidade de como deve ser tratada a renúncia dos bens temporais presentes ou futuros, de acordo com o direito próprio de cada instituto.

8. O dever de usar o hábito religioso

A matéria referente ao hábito religioso (cânon 669) já foi abordada na interpretação do cânon 284, sobre o hábito eclesiástico.

9. O direito de usufruto dos bens da fraternidade

À primeira vista, a normativa do cânon 670 soa como odiosa, uma vez que o religioso é parte integrante do instituto. Porém, a razão de ser de tal cânon é rebater o compromisso do instituto em proporcionar aos seus membros tudo o que é preciso para a sua manutenção. Quando isso ocorre, o religioso se sente livre de qualquer dependência pessoal, familiar, de amigos e de benfeitores na sua sustentação econômica. O instituto que se preza deve favorecer ao religioso o pleno desenvolvimento de sua vocação, de acordo com os votos professados. Nesse modo, propicia-se a todos os religiosos o tempo adequado para a oração pessoal, para Liturgia das Horas, para a meditação, para a leitura da Sagrada Escritura e outras leituras. Na mesma dinâmica, entram todas as tarefas relacionadas à formação inicial e permanente dos religiosos.

Releva-se ainda que os religiosos não podem ficar presos apenas às regras preestabelecidas de sua conduta, de acordo com o direito próprio de cada instituto. Devem, sim, empenhar-se na busca que vai além do que é regulamentado, para que a sua conduta seja incrementada no cultivo de seus talentos.

10. O dever da permissão para ofícios e encargos fora do Instituto

O cânon 671 toca no nó do voto de obediência. Através desse voto, os religiosos estão submissos à regra do instituto, ao seu direito próprio e, nesse contexto, devem a devida obediência ao legítimo superior.

É ideal que os ofícios e encargos, confiados aos religiosos, sejam apresentados à inteira fraternidade, antes de serem assumidos pelo religioso. Isso cria laços de responsabilidade e de representatividade. Significa que ao assumir esses serviços o religioso se compromete a desempenhá-los com qualidade e competência e ao mesmo tempo torna-se ele parte integrante da fraternidade. Ele não exerce o seu ministério em nome próprio, mas em nome da fraternidade e, ao mesmo tempo, se sente enviado por ela. Porém, quando isso não é possível, por um motivo ou por outro, o religioso deve ter ao menos a licença do legítimo superior para a validade do exercício desses ofícios e encargos. É o caso, por exemplo, do religioso que é convidado a assessorar outro instituto, ou prestar um serviço a outra entidade alheia ao carisma de seu instituto. Sem a devida licença, o serviço prestado corre o risco de ser atividade paralela, em que o religioso age enquanto pessoa física, sem o respaldo jurídico da entidade que ele representa.

Outro aspecto que merece crédito é a questão dos contratos e convênios entre as partes. O religioso não pode furtar-se das normas civis vigentes no país, que devem ser rigorosamente observadas antes de qualquer contrato ou convênio a ser firmado. É o caso, por exemplo, dos contratos editoriais ou os convênios entre o instituto e outras entidades (escolas, faculdades, dioceses). Em ambos os casos, o superior competente deve ser consultado, para evitar danos posteriores aos seus membros e ao próprio instituto. O instituto, com os seus legítimos superiores, não deve ser visto como uma camisa de força, mas uma instituição que favorece a segurança e o trabalho em rede de seus membros.

PARTE II

O direito dos fiéis cristãos aos sacramentos da Igreja

A Constituição dogmática sobre a Igreja apresenta a comunidade do Povo de Deus, estruturada sobre os sete sacramentos (LG 11). Tais sacramentos são instrumentos para o cultivo da fé e da santificação do Povo de Deus, juntamente com a Palavra de Deus e o cultivo das virtudes e talentos cristãos. Eles fazem parte de uma vertente de salvação (SC 59).

Do ponto de vista teológico-jurídico, os sacramentos são direitos de um povo que é sacerdotal pela própria natureza (cânon 835). Resulta daí que todos os fiéis cristãos participam, cada um no exercício que lhe é peculiar, do múnus de santificar da Igreja. Pelo Batismo, que é o portal dos demais sacramentos, todos integram o sacerdócio comum de Cristo. Nessa perspectiva, o fiel cristão é inserido nesse sacerdócio e por conseguinte passa a ser sujeito de direito fundamental aos demais sacramentos, instituídos por Cristo e organizados pela Igreja.

Do ponto de vista jurídico, o Código é taxativo, quando afirma que "os ministros sagrados não podem negar os sacramentos àqueles que os pedirem oportunamente, que estiverem devidamente dispostos e que pelo direito não forem proibidos de os receber" (cânon 843, § 1). Em outras palavras, é uma obrigação (dever) dos ministros sagrados, que corresponde a um direito da parte dos fiéis cristãos. Tal obrigação afeta todos os ministros ordenados, de acordo com seus vários graus, naquilo que lhes é permitido pelo direito.

A obrigação, por outro lado, é um dever de justiça, sobretudo aos ministros encarregados na cura de uma comunidade. Contudo, o dever de justiça dos ministros sagrados de não negar os sacramentos aos fiéis pressupõe três condições básicas da parte deles:

1) Uma razoável petição.

2) Uma boa disposição para receber os sacramentos.

3) Não estar proibido pelo direito de os receber.

Todo e qualquer direito fundamental do ser humano somente é direito no contexto do que lhe seja razoável. Caso contrário, ultrapassa as suas fronteiras. Já a boa disposição pressupõe um itinerário de preparação por parte do fiel. A ausência de preparação dificultaria gravemente as condições internas e externas, para que a graça sacramental possa percorrer o seu ser com dignidade e com proveito.

A proibição, por sua vez, provém da falta de capacidade, por direito divino ou eclesiástico, para a válida e lícita recepção do sacramento. Pode ser uma pena, que lhe é imposta como sanção diante de um delito cometido. Ex.: uma excomunhão, por apostasia, heresia ou cisma (cânon 1364, § 1).

Por outro lado, os sacramentos são ações de Cristo e da Igreja, sendo meios pelos quais se exprime e se robustece a fé, se presta culto a Deus e se realiza a santificação do ser humano (cânon 840). Por isso, não podem jamais ser encarados como um ritual mágico, que independe do sujeito de direito e de quem os administra. Portanto, urgem da Igreja uma catequese adequada, para que as pessoas sejam esclarecidas sobre essa ação salvífica de Cristo, por meio da Igreja.

É justamente por esse motivo que os sacramentos devem fazer parte dos direitos e deveres do Povo de Deus.

Havendo esse prisma de fundo, apresentamos, a seguir, uma breve exposição sobre os sete sacramentos da Igreja.

I

O Sacramento do Batismo

1. Elementos teológico-jurídicos do Batismo

O Batismo *ex aqua et Spiritu Sancto* é a porta de entrada e o fundamento de todos os sacramentos da Igreja. O Batismo pela água, ou ao menos pelo desejo, é necessário à salvação (Jo 3,5; Mc 16,16). O Batismo de desejo compreende também o martírio (Batismo de sangue, cf. Mt 10,32; 16,25). Liberta o ser humano de todos os seus pecados, inclusive do pecado original. Regenera espiritualmente o ser humano e lhe constitui filho de Deus, através da Graça (Rm 8,15; 2Pd 1,4).

O Batismo não pode ser reiterado, porque imprime o *caráter indelével*, revestindo o ser humano de Cristo (Gl 3,27), tornando-o membro de seu Corpo (1Cor 12,12-13), constituindo-o em Povo de Deus. Por consequência, incorpora o ser humano à Igreja, transformando-o em sujeito de direitos e deveres.

2. A preparação ao Batismo

Quando se trata de *criança*, a preparação compete aos pais e padrinhos. Por *criança* entende-se toda pessoa que ainda não saiu da infância, ou seja, antes dos sete anos de idade (cânon 97, § 2), ou que ainda não possui o uso da razão de modo consciente, passivo de distúrbios psíquicos. Os demais são *adultos*.

Quando se trata de *adulto*, o catecumenato compete ao próprio sujeito (cf. SC 64). O sujeito é conduzido, através da devida preparação à iniciação sacramental (catequese).

A boa preparação é fundamental, para que o catecúmeno, os pais e padrinhos possam bem desempenhar a sua função na tutela da fé cristã.

3. A matéria e a forma do Batismo

A matéria é a *água verdadeira* (natural); a forma necessária para a validade é: *Eu te batizo, em nome do Pai, do Filho e do Espírito Santo*. No Brasil, a CNBB adotou a prática do Batismo por infusão. Essa prática é a mais comum, muito embora o Código permita também o Batismo por imersão (cânon 854).

4. Os ministros do Batismo

O *ministro ordinário do Batismo* é o bispo, o presbítero ou o diácono (cânon 861, § 1). O *ministro extraordinário*, caso o ministro ordinário esteja ausente ou impedido, pode ser o fiel leigo/a, o religioso ou a religiosa, devidamente preparados e designados para esse ministério pelo ordinário local. Em caso de *perigo de morte*, qualquer pessoa, batizada ou não, que batize em nome da Trindade (cânon 861, § 2).

O caso de necessidade pode ser por *perigo de morte*, ou quando tudo está preparado e o ministro *ordinário* ou *extraordinário* não podem chegar ao local do Batismo, ou por outros justos motivos.

No Brasil é permitida a nomeação de *ministros extraordinários* desde 1970, conforme rescrito da Sagrada Congregação dos Sacramentos (24/08/1970). Os critérios usados para a preparação e nomeação desses ministros são determinados pelo bispo de cada diocese.

5. As condições para que alguém possa ser batizado

O cânon 864 afirma que "é capaz de receber o Batismo toda pessoa ainda não batizada, e somente ela". Em base a esse cânon, podemos tecer as seguintes condições:

1) Toda a pessoa humana é destinada à salvação em Cristo (Mc 16,15-16; Mt 18,19). O Batismo é uma capacidade universal de todo o ser humano. Ninguém pode ser excluído de recebê-lo.

2) Quem ainda não foi batizado, porque o Batismo imprime caráter. Por isso, não pode ser repetido, salvo restando em caso de dúvida (cânon 869).

3) O ser humano vivo. Aliás, o ser vivo é condição geral para todo e qualquer sacramento. Em caso de dúvida, batiza-se sob condição.

4) Se é adulto, deve apresentar a vontade expressa de recebê--lo; suficiente instrução nas verdades da fé; um período de preparação (catecumenato) e o arrependimento de seus pecados.

6. A validade do Batismo nas outras Igrejas

De acordo com o cânon 869, § 1, se há dúvida sobre a validade do Batismo, depois de séria investigação, seja conferido sob condição. Assim sendo, faz-se mister elencar as Igrejas onde o Batismo é válido, onde é considerado válido, onde é duvidoso e onde é inválido:

1) O Batismo é válido nas seguintes Igrejas:

1) Ortodoxas orientais;

2) Veterocatólica;

3) Episcopal do Brasil (Anglicanos);

4) Evangélica de Confissão Luterana no Brasil;

5) Evangélica Luterana do Brasil;

6) Metodista.

2) O Batismo é considerado válido, porém não se dá muito valor, nas Igrejas:

1) Presbiterianas;

2) Batistas;

3) Congregacionalistas;

4) Adventistas;

5) Exército da Salvação.

6) Pentecostais (a maioria): Assembleia de Deus; Congregação Cristã do Brasil; Evangelho Quadrangular; "Deus é Amor"; "O Brasil para Cristo".

Por serem consideradas válidas, não há necessidade de novo Batismo.

3) Igrejas duvidosas, onde se exige um novo Batismo, sob condição:

1) *Pentecostal Unida do Brasil*: não batiza em nome da Trindade, mas somente no nome do Senhor;

2) *Mórmons*: negam a divindade de Cristo;

3) *Brasileiras*: mostram-se perplexas e duvidosas sobre o batismo, devido aos seguintes motivos: a) os próprios fiéis são perplexos sobre a validade de seus sacramentos; b) pouca seriedade diante dos sacramentos. Ex.: reordenação de clérigos; c) não apresentam garantia de seus sacramentos; d) ruptura com a tradição cristã e católica. Não comungam da economia da salvação, nem surgiram de outras tradições eclesiais; e) não apresentam o conteúdo eclesial

de seus sacramentos (sinais visíveis de uma igreja)[1]. Nessa mesma linha entra a Igreja Universal do Reino de Deus.

4) Igrejas onde o Batismo é inválido. Nesses casos, se deve rebatizar:

1) Testemunhas de Jeová (negam a fé na Trindade);

2) Ciência Cristã (defeito de matéria e forma);

3) Religiões não cristãs (Ex.: Umbanda).

7. Condições exigidas aos padrinhos

O cânon 874 apresenta os seguintes requisitos aos padrinhos:

1) Que sejam idôneos para exercer essa função;

2) Que sejam designados pelo próprio batizando, pelos pais, pelo pároco ou pelo ministro;

3) Que tenham 16 anos de idade completos;

4) Que sejam católicos, já crismados e tenham feito a primeira Eucaristia;

5) Que não sejam passivos de penas canônicas;

6) Que não sejam o pai ou a mãe do batizando.

É importante recordar que o Código admite "um só padrinho ou uma só madrinha, ou também um padrinho e uma madrinha" (cânon 873). Em base a esse cânon, onde a realidade ecumênica for possível, se pode, por exemplo, colocar um padrinho católico e um padrinho de outra religião cristã, desde que concorde com a parte católica, sem o prejuízo da defecção da fé ao batizando. Nesse caso, a parte acatólica não é um verdadeiro padrinho, mas funciona como testemunha do batizado.

Releva-se que no Código de 1917 proibia-se aos clérigos de serem padrinhos, salvo restando se houvessem tido a permissão do

---

1. Para maiores detalhes, cf. *REB*, 13 (1973), p. 92-103.

ordinário do lugar (cânon 766). O novo Código não legisla nada a esse respeito.

Na praxe pastoral, acontecem casos em que os pais ou os próprios batizados estão arrependidos com os *padrinhos*. Daí, perguntam: – Frei, a gente pode arranjar outros padrinhos?

Infelizmente, a resposta é negativa. O cânon 872 deixa a possibilidade de não haver padrinhos, quando afirma: "Ao batizando, *enquanto possível*, seja dado um padrinho, a quem cabe acompanhar o batizando adulto na iniciação cristã e, junto com os pais, apresentar ao Batismo o batizando criança". Os padrinhos, se convidados, podem ajudar no cumprimento das obrigações essenciais do batizado. Porém, não lhes são essenciais. Além do mais, na maioria das vezes os padrinhos são uma espécie de arranjo, um *status* social, para dar presentes ao batizando e para cumprir ou devolver favores entre as famílias. Do ponto de vista da ajuda no cumprimento das obrigações cristãs, pouco ou quase nada é feito. E por último seria ridículo ter que fazer outra celebração (rebatismo) e sem contar que os nomes dos padrinhos, se houver, já estão registrados no Livro de Batismos e não podem ser cancelados (cânon 875).

8. Questões jurídico-pastorais

8.1. Batismo de crianças de católicos que negam a fé

São casos em que os pais negam os valores da fé e, não obstante, requerem o Batismo de seus filhos. Neste caso, impõe-se uma séria reserva ao Batismo. Somente se pode ministrá-lo se os pais demonstrarem que assumem o compromisso da educação católica.

8.2. Batismo de crianças cujos pais têm vida irregular

Trata-se de casamentos cujos pais não cumprem exigências da Igreja, ou casos de mães solteiras. É preciso acolher esses casos com prudência e caridade evangélica, oferecendo-lhes, na medida do possível, oportunidades para que possam regulamentar a sua situação, sobretudo nos valores cristãos da vida pastoral. Em todo o caso, não se pode negar o Batismo.

8.3. Batismo de crianças cujos pais não têm a mesma religião

Trata-se dos casos de casamentos com *impedimento da disparidade de culto* (cânon 1086). Depois de concedida a dispensa a tais casamentos, exige-se que a parte não católica comprometa-se no seguinte (cânon 1125-1126):

1) Tutelar a fé católica e a sua prática;

2) Assegurar a educação católica da prole.

Nestes e outros casos, exige-se do pároco e da inteira comunidade do Povo de Deus, a assistência na pastoral, para que se preserve a comunhão dos valores cristãos na Igreja Católica.

9. O Batismo na legislação das Igrejas Católicas Orientais

Existem hoje na Igreja Católica dois Códigos, ou seja, *Código de Direito Canônico*, destinado aos cristãos católicos de rito *latino*, promulgado em 1983, e o *Código dos Cânones das Igrejas Orientais*, destinado aos cristãos católicos das 22 Igrejas de *ritos orientais* (*sui iuris*), promulgado em 1990. Essas Igrejas são classificadas de acordo com o rito de origem, ou seja, o Rito Alexandrino, o Rito Antioqueno, o Rito Armênio, o Rito Caldeu e o Rito Bizantino (Constantinopolitano).

As 22 Igrejas Católicas Orientais (*sui iuris*) surgiram ao redor dos Patriarcas católicos no Oriente Médio. Atualmente são cerca de 15 milhões de fiéis presentes no mundo inteiro, sobretudo presentes no Oriente Médio (CAVALCANTE, 2009: 196), de acordo com o seguinte esquema:

Rito	Igreja	Localização
I. Alexandrino	1. Copta 2. Etíope	Egito Etiópia
II. Antioqueno	3. Siríaca 4. Maronita 5. Siro-malancarese	Líbano, Síria, Iraque, Turquia, Egito, Israel Líbano, Síria, Israel, Chipre, Egito, Brasil, EUA, Canadá, Argentina Kerala e resto da Índia
III. Armênio	6. Armênia	Líbano, Síria, Iraque, Irã, Turquia, Egito, Brasil
IV. Caldeu	7. Caldeia 8. Siro-malabarese	Síria, Iraque, Irã, Turquia, Egito, Israel, França, EUA Kerala (Índia), Oriente Médio (alguns fiéis)
V. Bizantino (Constant.)	9. Bielorussa 10. Búlgara 11. Grega 12. Húngara 13. Ítalo-albanense 14. Melquita 15. Romênia 16. Rutena 17. Checa 18. Ucraína 19. Iugoslava 20. Albanesa 21. Russa 22. Macêdone	Bielorússia Bulgária Grécia, Turquia, Israel Hungria Sul da Itália Síria, Líbano, Egito, Israel, Jordânia, Iraque Romênia, EUA, Canadá Carpazi (Ucrânia), EUA Checoslováquia, EUA Canadá Ucrânia, EUA, Canadá Iugoslávia Albânia Rússia Macedônia

É importante ressaltar que as Igrejas orientais não estão organizadas propriamente como a Igreja latina, como única instituição. Cada uma dessas Igrejas é *autocéfala* (*sui iuris*), com a sua devida autonomia de regime (governo) e de disciplina (cf. OTADUY, *Comentario exegético*, vol. I: 257). Em vez de bispos, costumam chamar os seus pastores de *Patriarcas*. Estão em comunhão com o bispo de Roma, porém conservam a devida autonomia no que concerne às tradições litúrgicas, ritos e regime.

Em relação aos sacramentos, desde o início da história, as Igrejas Católicas Orientais sempre reafirmaram a *necessidade do Batismo*, como capacidade para os demais sacramentos. A sã tradição dessas Igrejas transmitiu aos seus fiéis um patrimônio teológico muito vasto e rico de conteúdos teológicos; ora resumiremos em alguns tópicos essenciais, do ponto de vista jurídico:

9.1. Sobre a prévia preparação

O Sacramento do Batismo requer uma *prévia preparação* para ser administrado. O Sínodo de Laodiceia (343-381) exigia dos catecúmenos que soubessem de cor o Símbolo da fé (Creio), que devia ser recitado na Quinta-feira Santa diante do bispo ou dos presbíteros (cânon 46). Essa exigência é confirmada também no Concílio Trulano (691). Os candidatos eram introduzidos aos poucos numa sólida instrução catequética, destinada ao conhecimento das verdades da fé, evitando assim a contaminação com as heresias da época. O Sínodo de Cartagena (419) prescreve que os enfermos que não estavam em condições de responder por si mesmos sobre essas verdades em modo consciente tinham o seu Batismo diferido para mais tarde (cânon 45).

Nesse sentido, apresentaram certa feita uma questão a Timóteo de Alexandria (385):

– Se um catecúmeno enfermo perde os sentidos e não está em condições de recitar o Creio, pode ele receber o Batismo?

Resposta: Se é em perigo de morte, pode recebê-lo, desde que não seja tentado por um espírito imundo.

O *CCEO* (*Código dos Cânones das Igrejas Orientais*) confirma essa tradição, quando enfatiza a necessidade de haver um certo conhecimento das principais verdades da fé, que manifeste a intenção de receber o Batismo depois da infância (7 anos de idade), mesmo estando em perigo de morte (cânon 682, § 2).

9.2. Sobre a matéria e a forma

A *Didaqué* (séc. I) reza que o Batismo deve ser ministrado com *água viva* (água de corrente, de fonte ou de rios) e em nome do Pai, do Filho e do Espírito Santo (*Trindade*). O *CCEO* segue essa tradição, quando estabelece que o ser humano, pelo Batismo na água natural e na invocação do nome do Pai, do Filho e do Espírito Santo, liberta-se do pecado e se regenera para uma vida nova, através da sua incorporação à Igreja, que é o Corpo de Cristo (cânon 675, § 1).

9.3. Sobre o ministro

Nos primeiros séculos da era cristã o Batismo era reservado ao bispo ou a um presbítero. O diácono não é mencionado nessa tradição. As *Constituições Apostólicas* (380) proíbem às mulheres, aos leigos, aos diáconos e aos clérigos subalternos. Somente o bispo e o presbítero estão autorizados a ministrá-lo. São Basílio, numa carta ao bispo de Icônio, declara inválido o Batismo conferido por uma pessoa da categoria dos heréticos. Esse Batismo é "como se fosse ministrado por um leigo". Por isso, deve ser repetido pelo verdadeiro Batismo da Igreja. Porém, o patriarca de Constantinopla (Nicéforo I: 806-815) admite que no caso da falta de sacerdote o Batismo possa ser ministrado por um diácono, por um monge ou até mesmo pelo genitor da criança, desde que seja cristão.

O *CCEO* reitera a tradição das Igrejas Orientais, ao afirmar que o "Batismo ordinariamente é administrado pelo sacerdote".

Contudo, em caso de necessidade, pode ser administrado pelo diácono e, quando o diácono está impedido, um outro clérigo, um membro de um instituto de vida consagrada ou qualquer fiel cristão. Aos genitores, somente é permitido ministrá-lo, se não é disponível nenhum ministro extraordinário anterior, que conheça o modo de batizar (cânon 677).

9.4. Sobre os padrinhos

As Igrejas Orientais dão muito peso ao *parentesco espiritual*, que surge do ser padrinho ou madrinha do batizando. O Concílio Trulano, por exemplo, afirma que o parentesco espiritual é superior ao parentesco natural. No caso de fornicação entre os padrinhos e batizados, eram infligidas penas canônicas a esse tipo de relação. E se fosse contraído um matrimônio com parentesco espiritual, esse era considerado iníquo e podia ser declarado nulo (cânon 53).

O *CCEO* confirma o antigo uso das Igrejas, de haver ao menos um padrinho que assista a iniciação cristã do batizando adulto, ou para apresentar a criança para o Batismo. O padrinho ou madrinha também tem a incumbência de bem conduzir o seu afilhado na conduta cristã e no cumprimento das obrigações inerentes ao Batismo (cânon 684). Por outro lado, conserva o *parentesco espiritual* como impedimento matrimonial, que dirime o matrimônio entre o padrinho e o batizado e entre o padrinho e os seus genitores (cânon 811, § 1).

9.5. Sobre a administração do Batismo e do santo Myron

A Igreja latina costuma administrar o Sacramento do Batismo e o da Confirmação, separadamente, salvo restando quando se trata de catecúmenos.

As Igrejas Orientais seguem a tradição desde o início da era cristã, de administrar esses sacramentos numa única celebração.

O Sínodo de Laodiceia diz que os que se aproximam para receber o Batismo, depois desse sacramento, sejam ungidos com *santo Myron*, para que se transformem em participantes do Reino de Deus (cânon 48).

As *Constituições Apostólicas* vão na mesma linha, quando mencionam uma unção pós-batismal com o *santo Myron*. Essa unção tem os seguintes significados:

1) O perfume do conhecimento do Evangelho, que age sobre o batizado, para que ele permaneça fiel a Cristo, morrendo e ressurgindo nele, para viver com Ele (Livro VII, 44, 2).

2) O *santo Myron* é atribuído à virtude de confirmar e consolidar a confissão batismal (Livro III, 17, 1).

3) O *santo Myron* é o sigilo da aliança batismal (Livro VII, 22, 2).

O *CCEO*, estando de acordo com a sã tradição dessas Igrejas, estabelece que "é necessário que aqueles que foram batizados sejam ungidos com o *santo Myron*, para que sejam assinalados com o sigilo do Espírito Santo, sendo testemunhas mais idôneas e coedificadores do Reino de Deus" (cânon 692). O *santo Myron* é administrado conjuntamente com o Batismo. No caso de uma verdadeira necessidade para sua posterior administração, que seja feita o mais rápido possível (cânon 695, § 1).

Originariamente, a administração do *santo Myron* era reservada ao bispo. Mais tarde, passou a ser conferido também pelos presbíteros. Porém, em relação à consagração, somente o bispo pode consagrá-lo, salvo restando o direito particular, quando essa consagração é reservada ao Patriarca (cânon 693-694).

II
O Sacramento da Confirmação

1. Princípios teológico-jurídicos

Desde o início da era cristã, o Sacramento da Confirmação (Crisma) encontra fundamentos na Sagrada Escritura. Veja, por exemplo, os relatos de At 8,14-17; 19,5-6, onde se menciona o Batismo e a *recepção do Espírito Santo*, mediante a imposição das mãos. Assim, a Confirmação é o aprofundamento da iniciação cristã, iniciada com o Batismo. Desse modo, de acordo com o cânon 879, a Confirmação:

1) Imprime o *caráter* particular na pessoa, tornando-o testemunha de Cristo, na confirmação do primeiro caráter (Batismo).

2) Cresce e transforma-se o caminho da iniciação cristã, no desenvolvimento da Graça.

3) Enriquece e incrementa o dom do Espírito Santo, através de uma resposta mais amadurecida ao projeto de Deus.

4) Vincula-se mais estreitamente à Igreja, sobretudo na dimensão comunitária, para que o cristão se torne testemunha de Cristo, pela palavra e pelas obras. O *Rito da Confirmação* é prova disso, quando afirma: "Procure-se dar à ação sagrada o caráter festivo e solene que decorre de seu significado para a Igreja local".

2. Matéria e forma da Confirmação

A *matéria* é a unção com o óleo do crisma sobre a fronte da pessoa, simultaneamente à imposição das mãos (cânon 880, § 1). A *forma* é estabelecida no Ritual, com as palavras do ministro: "N..., recebe, por este sinal, o dom do Espírito Santo".

O óleo a ser usado deve ser preferencialmente o azeite. Porém, na ausência dele, pode ser usado outro óleo vegetal. A bênção do óleo é feita pelo bispo na missa de Quinta-feira Santa, segundo a tradição da Igreja.

3. O ministro da Confirmação

O cânon 882 reza que o ministro *ordinário* é o bispo (também chamado de ministro *originário*). São equiparados ao bispo os ordinários: o prelado e o abade territorial; o vigário e o prefeito apostólico, o administrador e o administrador diocesano. O ministro *extraordinário* é o presbítero, com a devida faculdade, concedida pela autoridade competente. Porém, insiste-se que seja convidado o bispo, para que ele possa assim visitar a paróquia, ao menos no dia da Confirmação de seus candidatos.

É sempre oportuno agendar com antecedência as Crismas com o ordinário local. É a grande oportunidade que a comunidade tem de receber o bispo, estreitando-se ainda mais a comunhão com toda a Igreja, através de seus pastores.

No Código de 1917 (cânon 782), somente a Santa Sé podia conceder a faculdade para um presbítero confirmar. No novo Código, compete ao bispo diocesano conceder essa faculdade, podendo, inclusive, ser estendida a mais presbíteros concomitantemente, em caso de necessidade.

4. Condições para alguém ser confirmado

O cânon 889 determina as seguintes condições para que alguém possa ser confirmado:

1) Que seja bem preparado, através de uma adequada catequese.

2) Que esteja em condições de renovar as promessas batismais. Isto somente é válido, se a Confirmação é administrada depois do Batismo, como é o caso do Batismo de adultos.

5. As condições e funções dos padrinhos

As condições e funções são as mesmas requeridas aos padrinhos do Batismo. Aqui, aconselha-se inclusive que os padrinhos sejam os mesmos do Batismo, para que haja um crescimento e acompanhamento na educação dos valores cristãos.

Sobre o número de padrinhos, o Código dispõe isso no singular (cânon 893, § 1). Por isso, basta que seja uma pessoa, que sirva de testemunha da Confirmação e ajude o crismando no amadurecimento de sua caminhada na Igreja.

6. A Confirmação no contexto da realidade brasileira

De acordo com o documento *A Pastoral da Confirmação*, da Assembleia Geral da CNBB, promulgado em 1974, catalisa-se a sã tradição do povo brasileiro, relacionado a "uma tradicional devoção ao Espírito Santo, especialmente nas camadas mais simples da população". Exemplo disso são as famosas *Festas do Divino*. Por que não aproveitar dessas para a Confirmação nas comunidades?

De outra parte, nos deparamos com um problema pastoral. A maioria dos adolescentes que faz sua Primeira Comunhão não continua na Igreja. Cerca da metade, ou menos desses adolescentes e jovens, recebe o Sacramento da Confirmação. E em relação ao matrimônio, grande parte dos futuros nubentes carece dos sacramentos da Eucaristia e da Confirmação.

Portanto, faz-se necessário empreender uma cruzada de conscientização sobre a Igreja que queremos, favorecendo assim a maturidade na fé de nossos jovens e adultos. E o Catecumenato, como vai?

7. Tempo e lugar da Confirmação

Seria ideal que a Confirmação fosse ministrada no dia de Pentecostes ou durante a sua oitava. Porém, quando isso não for possível, pode ser feita em qualquer dia do ano litúrgico, de acordo com as possibilidades da comunidade e a agenda do ordinário local.

O lugar ideal para a celebração é a Igreja ou oratório, como lugares-comuns da celebração do culto divino. Uma justa causa, porém, pode requerer outro espaço, desde que seja um lugar digno. Em última análise, o local não afeta a validade do sacramento.

8. O registro e a prova da Confirmação

O cânon 895 determina que haja em cada diocese o livro de registro das crismas, ou onde isso seja possível, de acordo com as normas da CNBB ou diocesanas, nos arquivos da paróquia. Na realidade, a maioria das paróquias não tem o livro das crismas. Isso dificulta uma posterior consulta, sobretudo quando alguém não lembra se foi crismado, ou ainda em função do matrimônio ou da ordenação. A solução, nesses casos de esquecimento, é consultar algum membro da família, padrinhos, ou outras pessoas que testemunharam esse sacramento. Em caso de dúvida, *Ecclesia supplet*: a Igreja supre (cânon 144, § 1).

III
O Sacramento da Eucaristia

1. Princípios teológico-jurídicos

Os sacramentos da iniciação cristã culminam no Santíssimo Sacramento da Eucaristia. Através dele se chega à íntima união do cristão com Cristo e com a sua missão. A Eucaristia estabelece a comunhão entre a pessoa do cristão e o seu Senhor. Não é a simples participação na graça, mas na própria fonte da Graça. Através dela, a Igreja passa a ser o Corpo de Cristo (cânon 897).

A dimensão eclesial, por sua vez, alimenta-se da Eucaristia e com ela robustece a vida dos cristãos. Por isso, o Código exorta os fiéis à compreensão de que ela é o centro da comunidade paroquial e dos fiéis (cânon 528, § 2); o centro da vida do seminário (cânon 246, § 1); o alimento para a vida espiritual dos clérigos (cânon 276, § 2, 2º); o centro da comunidade religiosa (cânon 608); a fonte e a força de toda a vida consagrada (cânon 719, § 2); enfim, o múnus principal dos sacerdotes (cânon 904). Por isso, o novo Código evita expressamente a denominação *missa privada*. No banquete eucarístico, todo o Povo de Deus se reúne ao redor do sacrifício de Cristo e dele comunga. Também se deve evitar o uso das expressões: *assistir à missa, ouvir a missa*. Desse modo todos celebram a Eucaristia. Quem coordena a celebração não deveria mais ser chamado de *celebrante*, porém de *presidente*, porque todos são celebrantes.

2. A matéria e a forma da Eucaristia

A *matéria* é dupla, ou seja, o pão e o vinho (cânon 924):

1) *Pão de trigo*: o pão deve ser de trigo, cozido recentemente. Para a questão da *liceidade* do sacramento, ele não pode conter fermento (ázimo), conforme é prescrito no rito latino e em alguns ritos orientais (maronita e armênio). Significa que o pão a ser usado para a consagração deve ser feito de farinha de trigo com água, sem adição de fermento algum. Também deve ser bem cozido, para evitar a sua deterioração. Porém, alguns ritos orientais católicos empregam o pão fermentado na celebração eucarística. Isso tudo, no entanto, não afeta a validade do sacramento, que mesmo no rito latino católico pode, em ocasiões especiais, celebrar a Eucaristia com pão fermentado.

2) *Vinho de uva*: o vinho deve ser de uvas maduras, proveniente de um processo natural de fermentação. Portanto, uma outra matéria semelhante não é válida para a Eucaristia (aguardente, licor, vinho de outros frutos). Por outro lado, evite-se o vinho deteriorado ou azedo (cânon 924, § 3). Nesse sentido, o vinho empregado na Eucaristia tem uma graduação mais alta, ou seja, de 18ºGL, desde que esse álcool seja produzido a partir do vinho.

Em relação à marca do vinho, o Código não dispõe nenhuma normativa. Pode ser usado o vinho de qualquer marca, desde que seja verdadeiro.

Nos países em que vigora a *Lei seca*, como é o caso de alguns lugares da Índia, e onde é impossível a compra legal de vinhos naturais, permite-se a fabricação de vinho a partir de uvas-passas. Essas uvas permanecem um tempo submersas numa tina com água, durante uma hora. Depois, são esprimidas e o suco produzido fermenta naturalmente, resultando no vinho.

Onde houver uma justa necessidade é permitido celebrar a Eucaristia com mosto (suco de uva não fermentado), porque certos sacerdotes não podem ingerir nem sequer uma pequena porção de álcool, devido a problemas de doenças (alcoolismo). A Igreja recomenda a muitos sacerdotes a comunhão por *intinção* (hóstia molhada no vinho). Nesse caso, um outro sacerdote concelebrante, diácono ou fiel leigo pode consumar o Sangue de Cristo (cf. COMUNICADO MENSAL DA CNBB, outubro de 1983: 1.012-1.013).

No que tange à comunhão sob as duas espécies (cânon 925) ou ainda sobre o modo de receber a comunhão na mão ou na boca, fica a critério das dioceses a regulamentação, onde o aconselhar uma razão pastoral (cf. SAGRADA CONGREGAÇÃO PARA O CULTO DIVINO. Instrução: *Sacramentali Communione*, 29/06/1970).

A *forma* são as palavras instituídas por Cristo, que o sacerdote pronuncia na hora da consagração do pão (*Tomai e comei...*) e da consagração do vinho (*Tomai e bebei...*). Essas palavras devem ser pronunciadas dentro da celebração. Não é lícito consagrar as espécies em separado, nem fora da celebração eucarística (cânon 927).

Em algumas regiões pastorais começam a surgir alguns costumes. Pessoas da assembleia pronunciam juntas, em voz baixa, as palavras da forma e também estendem a mão sobre as oferendas. Essa mania deveria ser evitada, porque não está de acordo com a dignidade sacramental de quem representa o Cristo na hora da consagração das espécies. As diferenças ministeriais, quando bem entendidas, não separam ou criam distâncias, como se sói afirmar, mas complementam a visão de Igreja.

3. O ministro da Eucaristia

3.1. O ministro da confecção válida do sacramento

É somente o sacerdote validamente ordenado (cânon 900, § 1). Ele é parte integrante da sã tradição da Igreja, no mandato de Cristo aos apóstolos para perpetuar o seu sacrifício. Os concílios ecumênicos da Igreja não se sentiram autorizados a mudar essa tradição.

1) É *lícito* ao sacerdote celebrar a Eucaristia, quando ele não está impedido por uma lei canônica (cânon 900, § 1).

2) A *concelebração* era expressamente proibida no Código de 1917. Por isso, a maioria das Igrejas possuía vários altares, onde os sacerdotes celebravam individualmente. Até hoje permanece essa ideia na cabeça de muitos presbíteros, ou seja, de não concelebrar, mas de celebrar individualmente. O novo Código exorta os sacerdotes a celebrarem, sempre que possível, na presença de fiéis. Contudo, é proibida a celebração individual em altares paralelos ou oratórios, no mesmo momento em que haja uma concelebração (cânon 902).

Segundo Jesus Hortal: "A rigor, com estas palavras, não ficariam proibidas diversas celebrações *individuais* simultâneas, em diferentes altares da mesma igreja ou oratório" (HORTAL, *Os sacramentos*, 1987: 101). A meu ver, isso seria ridículo, sobretudo em base à visão teológica que cresceu depois do Vaticano II, onde se dá a primazia do comunitário ao individual. Cristo está presente em cada um dos concelebrantes que concelebram o sacrifício eucarístico. Mesmo que seja celebrando por uma intenção pessoal (missas manuais) de um fiel, essa intenção é válida e lícita na concelebração.

3.2. O ministro da distribuição da Eucaristia

É a pessoa designada para tal finalidade, segundo a normativa do direito. Distinguem-se em:

1) *Ministro ordinário* (bispo, presbítero ou diácono: cânon 910, § 1), isto é, aqueles que receberam o sacramento da Ordem.

2) *Ministro da comunhão como viático*: são os que desempenham pelo próprio direito ou em função de seu ofício, ou seja, o pároco, os vigários paroquiais, os capelães e os superiores das comunidades religiosas clericais para os que residem na própria comunidade (cânon 911, § 1). Lembramos que o *viático* é o Sacramento da Eucaristia, que é administrado aos enfermos impossibilitados de sair de casa. Em caso de necessidade, qualquer outro ministro ordinário da Eucaristia (cânon 911, § 2), desde que seja sacerdote, porque o viático está em íntima conexão com o Sacramento da Penitência (confissão).

O Código nada prescreve sobre a comunhão a ser distribuída aos outros doentes. Por isso, não só podem, como devem os ministros extraordinários levar a sagrada comunhão, na ausência do sacerdote, a quem está impedido ou impossibilitado de acorrer ao lugar da celebração eucarística.

3) *Ministro extraordinário*: é o acólito ou outro ministro leigo ou leiga, de acordo com o direito (cânon 230, § 3; 910, § 2).

4. Condições para alguém receber a Eucaristia

4.1. A pessoa que tenha a intenção suficiente

Toda pessoa batizada e que tenha a intenção suficiente para receber a Eucaristia (cânon 913, § 2) não pode ser excluída da Comunhão. Esse conhecimento tem como base a compreensão do comungante, de modo que possa entender o mistério de Cristo que está comungando. A pessoa deve ter ao menos a idade da razão (sete anos) ou saber distinguir o Corpo de Cristo dos demais alimentos, bem como recebê-lo com reverência. Além do mais, deve estar devidamente preparada pela família, pelo pároco ou através da catequese (cânon 914).

É costume, na maioria das paróquias do Brasil, somente admitir à Primeira Eucaristia pessoas amadurecidas na fé e na caminhada da Igreja. Por isso, se aconselha que ela seja ministrada aos sujeitos com doze a quatorze anos de idade. Porém, tanto essa idade quanto o estar cursando um certo ano de Ensino Fundamental ou Médio, não passam de bons conselhos, porque pelo Código, bastaria que a criança estivesse com a "idade da discrição", que são sete anos de idade.

Outro aspecto que se deveria evitar na pastoral é a ideia de um mero ato social, onde todas as crianças e adolescentes fazem da Primeira Eucaristia um verdadeiro desfile de moda, com fotos, vídeo, excesso de flores e adereços desnecessários ao sacramento.

E o que fazer com pessoas que mesmo sendo adultas não possuem um verdadeiro discernimento? É o caso dos excepcionais e das pessoas enfermas, que na maioria das vezes provocam dúvidas no ministro. Se persistir a dúvida, na certeza moral, a comunhão não pode ser negada. É melhor errar em prol da justiça do humano, do que se colocar contra a possível dignidade do sujeito comungante.

Caso concreto: certa feita me foi indagado, através de uma catequista, se seria possível dar a *Primeira Comunhão* a uma deficiente físico-mental, de nome *Samara*, com 12 anos de idade. A primeira coisa que perguntei é se ela sabia distinguir o que era a Eucaristia, uma vez que a sua deficiência a impedia de frequentar a catequese. A catequista me respondeu que a mãe de Samara poderia me responder. Fomos até a sua casa e depois de uma longa conversa constatei que a adolescente se entendia bem com sua mãe e tudo indicava que desejava receber esse sacramento, ao menos por gestos, pois também era muda. Então, marcamos o dia e no domingo seguinte lhe ministrei a Eucaristia, na própria casa. O seu franco sorriso serviu de prova de que ela recebeu a Eucaristia e não um simples pedaço de pão. Depois disso, as ministras extraordinárias da Eucaristia levam, sempre que possível, a comunhão para a Samara.

4.2. Recepção prévia do Sacramento da Penitência

Quem está em pecado grave não deve celebrar e nem comungar, licitamente, sem antes participar do Sacramento da Penitência. A não confissão, porém, justifica-se pela falta de oportunidade. Nesse caso, o penitente é obrigado a fazer o ato de "contrição perfeita, que inclui o propósito de se confessar quanto antes" (cânon 916). Aqui entra a questão da incompatibilidade com o sacramento da Eucaristia. Não está em condições de comungar com a fonte da graça, que é o Cristo, quem se encontra em grave pecado. Os pecados menos graves (pecados veniais) são perdoados no ato penitencial da celebração eucarística.

4.3. A frequência e a repetição da Eucaristia

Embora haja uma forte conscientização sobre a frequente participação na Eucaristia, desde o início da era cristã essa prática tem diminuído gradativamente, sobretudo no tempo do Império Romano. Nessa perspectiva, o Concílio Lateranense IV (1215) impôs a obrigação da comunhão anual. Essa obrigação da comunhão anual foi reiterada no atual Código (cânon 920). Portanto, com exceção dos religiosos consagrados, que seguem as determinações de seus estatutos, no sentido estrito, a obrigação atual da comunhão é apenas de uma vez ao ano. É evidente que todos são exortados a comungar nas celebrações dominicais, desde que não estejam em pecado grave, para que assim se recupere a participação integral no Corpo Eucarístico.

Muitos comungantes, pelo fato de participarem mais vezes durante o dia da Eucaristia, lançam a pergunta: Quantas vezes se pode comungar no mesmo dia?

No Código de Direito Canônico de 1917 era proibido aos fiéis cristãos comungar mais que uma vez ao dia, a não ser em perigo de morte (cânon 857). O motivo da proibição era devido aos abusos ou excessos por parte de alguns fiéis.

Porém, no atual Código, está determinado que: "Quem já recebeu a santíssima Eucaristia pode recebê-la novamente no mesmo dia, somente dentro da celebração eucarística em que participa..." (cânon 917). Portanto, se pode comungar outra vez no dia, sem dúvida e sem peso de consciência, dentro da celebração. Ex.: um ministro, que já participou em outra celebração e que deve ajudar na missa, ou qualquer fiel, desde que participe do sacrifício eucarístico. Fora da missa, somente em perigo de morte (cânon 921, § 2). Porém, para evitar abusos, não se pode comungar mais *que duas vezes ao dia*, sempre dentro da missa em que se participa, de acordo com a resposta da Pontifícia Comissão para Interpretação do Código, dia 11 de julho de 1984 (cf. COMMUNICATIO-NIS, 1984: 240).

4.4. A pessoa não proibida pelo direito

O princípio básico que norteia a vida da Igreja é que não devam ser admitidos à Eucaristia os que se encontram numa pública situação de contraste com a comunhão. Nesse caso, a admissão seria incompatível com a unidade da Igreja que se forma através da Eucaristia, sobretudo pela negação obstinada do comungante a essa unidade.

O cânon 915 determina que: "Não sejam admitidos à sagrada comunhão os excomungados e os interditados, depois da imposição ou declaração da pena, e outros que obstinadamente persistem no pecado grave manifesto".

A excomunhão ou interdito podem ser impostas ou declaradas, de acordo com o delito cometido. Porém, podem decorrer do ato em si mesmo, como é o caso da excomunhão *latae sententiae*. Nesse caso, a excomunhão impede a lícita recepção dos sacramentos e dos sacramentais (cânon 1331-1332). Ex.: profanação da Eucaristia, violência física contra o Romano Pontífice, revelação do sigilo sacramental por parte do confessor.

5. Os divorciados diante da Eucaristia

A Igreja confronta-se quotidianamente com a problemática de casos irregulares, sobretudo os casados na Igreja, divorciados e que se encontram em situações irregulares, ou seja, casados ou não uma segunda vez apenas no civil (cf. MÜLLER, 2004).

Ocorre distinguir bem cada caso, para que haja um acompanhamento de perto, através de uma pastoral familiar aberta a novas perspectivas, sem perder de vista, porém, a comunhão com o todo da Igreja. A Igreja é instituída por Cristo para levar a salvação a todos, indistintamente, desde que sejam batizados nela e dela não sejam separados por um ato formal. Nesse contexto, entram também os divorciados (cf. *Familiaris Consortio*, 84). É importante distinguir bem cada situação apresentada. Não estão proibidos de comungar, por exemplo, "os fiéis divorciados novamente casados que, por sérios motivos – como por exemplo a educação dos filhos –, não podendo 'satisfazer a obrigação da separação, assumem o compromisso de viver em plena continência, isto é, de abster-se dos atos próprios dos cônjuges' (*Familiaris Consortio*, 84) e que com base neste propósito receberam o Sacramento da Penitência" (PONTIFÍCIO CONSELHO PARA A INTERPRETAÇÃO DOS TEXTOS LEGISLATIVOS. Declaração, 24/06/2000: 273).

De acordo com a normativa da Igreja, a finalidade da confissão é repudiar os pecados cometidos, emendar-se e converter-se a Deus (cânon 987). Significa que a ninguém é negada a confissão, sendo um direito e uma obrigação de todo o fiel que chega à idade da discrição (cânon 989). O problema não consiste em não poder confessar-se somente porque se encontra em situação irregular no matrimônio. O nó da questão encontra-se no desejo de emendar-se, do penitente. Se ele não concordar e não se converter, na condição da abstinência, o confessor não lhe pode permitir a comunhão. Trata-se de um compromisso muito difícil de ser cumprido, porque a carne é fraca e está sujeita a novas quedas, favorecendo, aos poucos, um círculo vicioso sem retorno. Em todo caso, permanece ao fiel essa possibilidade, podendo assim voltar à plena comunhão, através da Eucaristia.

Muitas vezes, porém, os divorciados que vivem em modo irregular consideram-se não dignos de toda e qualquer participação na Igreja. O magistério da Igreja, no entanto, exorta os fiéis às seguintes práticas eclesiais:

1) Escutar a Palavra de Deus.

2) Frequentar a celebração eucarística.

3) Perseverar na oração e devoção.

4) Incrementar as obras de caridade e as iniciativas da comunidade em favor da justiça social.

5) Educar os filhos na fé cristã.

6) Cultivar o espírito de penitência, implorando sempre a graça de Deus (cf. *Familiaris Consortio*, 84).

Se esses divorciados podem continuar na Igreja com todas essas prerrogativas, o que então lhes faltaria?

Por mais que se insista, permanece, todavia, a proibição à comunhão eucarística. A doutrina da Igreja coloca a problemática do escândalo que esses fiéis poderiam provocar na comunidade, se viessem a comungar. Além do mais, induziriam os outros fiéis a confusões sobre a doutrina da Igreja a respeito da indissolubilidade do matrimônio (cf. *Familiaris Consortio*, 84) .

Do ponto de vista da pastoral, pensa-se em algumas tentativas de solução:

1) Quando se trata de pessoas que em sã consciência estão certas da nulidade do matrimônio anterior, por motivos objetivos, que não conseguiram demonstrar num Tribunal eclesiástico.

2) Quando se encontram numa situação sem solução, sendo obrigados a procurar o divórcio e a contrair novas núpcias somente no civil.

Dada a complexidade da problemática, depois de uma prudente análise desses casos, sob o prisma da caridade cristã, a solução seria a admissão à comunhão eucarística (cf. CHIAPPETTA, vol. II: 314).

Na última década, do ponto de vista pastoral, muitos presbíteros têm demonstrado uma profunda ausculta desses casos, com benevolência e misericórdia. Inclusive, aconselhavam os divorciados recasados, por motivos de escândalo na comunidade, a procurar outra comunidade onde pudessem participar da comunhão eucarística. Apesar de haver divergências interpretativas no aconselhamento espiritual desses casais, muitos deles encontraram a paz de suas consciências, podendo comungar na Igreja.

Porém, no dia 24 de junho de 2000, o Pontifício Conselho para a Interpretação dos Textos Legislativos reiterou a normativa do cânon 915.

O egrégio Pontifício Conselho compara esse texto com o texto do Código dos Cânones das Igrejas Orientais, o qual afirma: "Devem ser impedidos de receber a divina Eucaristia aqueles que são publicamente indignos" (CCEO, cânon 712).

O Pontifício Conselho apresenta três condições para justificar o *pecado grave manifesto*:

> a) O pecado grave, entendido objetivamente, porque da imputabilidade subjetiva o ministro da Comunhão não poderia julgar.
>
> b) A perseverança obstinada, que significa a existência de uma situação objetiva de pecado que perdura no tempo e à qual a vontade do fiel não põe termo, não sendo necessários outros requisitos (atitude de desacato, admoestação prévia etc.) para que se verifique a situação na sua fundamental gravidade eclesial.
>
> c) O caráter manifesto da situação de pecado grave habitual (PONTIFÍCIO CONSELHO: 272-273).

Em seguida, a declaração do Pontifício Conselho alega que seria prudente não recusar publicamente a sagrada Comunhão aos recasados. Depois de aconselhar os pastores a explicar aos fiéis envolvidos o verdadeiro sentido dessa norma, que, mesmo não a compreendendo, ao menos a respeitem. A declaração enfatiza:

> Quando, porém, se apresentarem situações em que tais precauções não obtiverem efeito ou não foram possíveis, o ministro da distribuição da Comunhão deve recusar-se a dá-la a quem é publicamente indigno. Fá-lo-á com extrema caridade e procurará explicar, no momento oportuno, as razões que a isto o obrigaram (PONTIFÍCIO CONSELHO: 273).

No meu modo de pensar, essa declaração tem grande prestimosidade eclesial, porque exorta os pastores a serem fiéis ao Magistério da Igreja, não se desviando de sua doutrina e não provocando confusão no inteiro Povo de Deus, sobretudo numa questão delicada e complexa, quanto à Comunhão dos divorciados recasados. O problema, no entanto, é mais profundo. Se a exegese do cânon 915, particularmente do texto: *que obstinadamente persistem no pecado grave manifesto*, fosse relacionada somente aos casos irregulares no matrimônio, esse texto permaneceria estacionado apenas na sua superficialidade. Quando se fala em *pecado grave manifesto*, a interpretação deveria contemplar também a injustiça social cometida contra os operários, o arbítrio policial contra os inocentes, o abuso de poder, as barbaridades cometidas pelos mafiosos e tantos outros pecados pessoais e sociais graves, cometidos pelos cristãos católicos no contexto eclesial de nossa época. O que afirmar daqueles cristãos católicos que pertencem a sociedades que maquinam contra a Igreja, em modo velado? Efetivamente, a sagrada Comunhão nunca foi negada publicamente a esses católicos. Seriam os divorciados recasados menos dignos do que eles?

Penso que deveríamos ser mais ousados e confrontar mais esses documentos com a praxe pastoral, para não excluir apenas alguns casos dos que *obstinadamente persistem no pecado grave manifesto*. No meu modo de entender, essa problemática deve ser encarada na ótica do Bom Pastor, para que todos possam merecer um atendimento espiritual qualificado, com prudência e misericórdia, para verificar onde está a raiz do problema. Sem a devida análise e escuta atenta dos divorciados recasados, não estamos autorizados a condená-los eternamente ao martírio em que vivem. É necessário verificar se aquilo "que Deus uniu o ser humano não separe" realmente foi unido por Deus.

Ao meu ver, nós, que somos Igreja, deveríamos ter um olhar benevolente diante do martírio que sofrem certos casais, fazendo de tudo para ajudá-los nesse empreendimento. A caridade é maior do que qualquer norma ou lei, desde que o fato não seja um escândalo para a comunidade. Cada caso é um caso e por isso deve ser analisado atentamente, independente da questão de poder comungar ou não na Eucaristia.

6. *Communicatio in sacris*

A expressão *communicatio in sacris* é usada no contexto de relação com outras Igrejas ou denominações cristãs, sobretudo ligada aos sacramentos da Eucaristia, Penitência e Unção dos Enfermos.

De acordo com a normativa do cânon 844, a *communicatio in sacris* está relacionada com a *liceidade* e não com a validade da administração ou recepção dos sacramentos:

6.1. A administração por parte dos ministros católicos aos fiéis acatólicos

Aos fiéis das Igrejas Orientais separadas e outras Igrejas equiparadas pela Sé Apostólica é permitida a administração dos sacramentos da *Eucaristia, Penitência* e *Unção dos Enfermos*, com as seguintes condições:

1) Solicitação espontânea;

2) Devida disposição para recebê-los;

3) Evitando o proselitismo.

Aos fiéis de outras denominações cristãs é permitida a administração desses sacramentos, sob as seguintes condições:

1) Em perigo de morte;

2) Conforme o parecer do bispo diocesano ou da Conferência Episcopal, em caso de verdadeira necessidade.

Não podemos esquecer que os sacramentos nas Igrejas Orientais separadas (Ortodoxas) são verdadeiros e, por isso, devem ser encorajados à sua participação, pela Igreja Católica, onde houver necessidade. Porém, deve haver o devido respeito pela disciplina dessas Igrejas, bem como ao seu modo de organizar e celebrar o culto litúrgico.

Em relação às *atividades litúrgicas* numa Igreja Oriental, pode ser feita a *proclamação das leituras e assistir a um matrimônio* (somente ao sacerdote). Nesses casos, deve haver o convite por parte da autoridade ortodoxa e a observância das suas normas litúrgicas.

6.2. A recepção por parte dos fiéis católicos

Os fiéis católicos podem receber os sacramentos da *Eucaristia, Penitência* e *Unção dos Enfermos*, onde os mesmos sejam válidos, com as seguintes condições:

1) Na necessidade ou verdadeira utilidade espiritual;

2) Evitando-se o perigo de indiferentismo ou de erro sobre tais sacramentos;

3) Estando fisicamente ou moralmente impossibilitados de recebê-los de um ministro católico.

IV
O Sacramento da Penitência

1. Princípios teológico-jurídicos

A *iniciativa* ao processo da conversão humana parte de Deus. Deus chama os seus filhos à penitência constante, anunciando-lhes a generosa misericórdia, capaz de sanar o humano em suas debilidades. Assim, Cristo, desde o início de sua pregação pública até a ascensão, favoreceu essa prática. Temos como exemplo a Parábola do Filho Pródigo (Lc 15,11-32). Nessa parábola, a bondade do Pai resgata o filho perdido ao reino, através de seu chamado de volta à casa paterna. Deus chama e também dá a graça da conversão por intermédio de Cristo e de seus representantes. A Igreja serve de ponte entre o ser humano e Deus, um sinal visível e instrumento da íntima união com Deus (LG 1). O Sacramento da Penitência, por sua vez, é o "elo de ligação" na missão reconciliadora da Igreja.

A *resposta* a esse chamado de Deus parte do ser humano. Ele se abre ao chamado e realiza em seu coração o processo da conversão, isto é, a volta ao seu ser originário, que embora tendendo ao pecado (pecado original) pode responder a Deus (livre-arbítrio) ou danar-se em sua mera subjetividade.

A Igreja anuncia o perdão de Deus e proporciona aos seus filhos os meios necessários para o completo processo de conversão. Porém, compete ao humano a abertura a esse processo. Aqui, torna-se muito difícil o processo de conversão, quando o humano se fecha em seu mundo. Muitas pessoas são teimosas em relação à generosa misericórdia de Deus. A teimosia, em primeiro lugar, se concretiza quando o humano não aceita que haja uma força sobrenatural, além das energias meramente humanas. Em segundo lugar, a graça de Deus não consegue atuar, quando o humano imputa a si mesmo a não reconciliação, ou seja, acha que não existe perdão que possa cancelar os seus pecados. Assim, bloqueia-se o processo da misericórdia.

Por outro lado, a experiência haurida em muitas confissões demonstra que muitos seres humanos, não acreditando verdadeiramente na misericórdia, tornam-se reincidentes em confessar a mesma matéria várias vezes, sobretudo quando confessam aquilo que já foi perdoado em outras confissões. Daí, fica difícil empreender um itinerário progressivo no crescimento e incremento do humano. Preferem viver as amarguras do passado, na fossa que eles mesmos cavaram, sem perceber que a misericórdia de Deus lhes pode transformar e fornecer novos rumos à existência. Salvo raras exceções, a maioria desses casos deveria ser encaminhada também a profissionais da psicologia e da psiquiatria, na tarefa do desbloqueio e da ajuda na autoestima, no trabalho interdisciplinar em prol de toda a humana criatura.

Vale ressaltar ainda a importância da dimensão comunitária da penitência. No passado se dava muito peso ao indivíduo, esquecendo-se que ele é fruto do meio onde vive. Atualmente, sobretudo depois do Vaticano II, a Igreja se vê na necessidade de alargar os seus horizontes ao ministério integrado entre a instituição e o Povo de Deus. O Concílio insiste em afirmar que a Igreja, embora seja santa, necessita sempre de purificação (LG 8). O pecador, por sua vez, não só ofende a Deus, mas ofende também a comunidade onde ele está inserido. Por isso, quando o Povo de Deus peca, a Igreja peca e, portanto, precisa ela não somente de conversões individuais, mas também de celebrações penitenciais comunitárias que a conduzam à purificação, em especial dos pecados sociais, que dificilmente são lembrados na confissão individual. Nesse sentido, o Código legisla sobre o duplo aspecto dessa reconciliação, que é a reconciliação com Deus e a reconciliação com a Igreja, que são os irmãos (cânon 959).

2. A matéria e a forma da Penitência

Na maioria dos sacramentos, a matéria é algo visível e palpável, como a água, o óleo, o pão e o vinho, a imposição das mãos. Na Penitência e no Matrimônio, a simples observação externa não consegue detectar a matéria desses sacramentos, porque se trata da manifestação da vontade deliberada; no primeiro a confissão dos pecados e no segundo, o consentimento. Nesse prisma, a *matéria* do Sacramento da Penitência é a *manifestação externa de todos os pecados graves* que o penitente tiver consciência após o diligente exame de consciência (cânon 988, § 1). Sendo ainda mais preciso, desde o Concílio de Trento, se afirma na Igreja que a *matéria próxima* da Penitência é a contrição, a confissão e a satisfação (penitência).

Já a *forma* da Penitência são as palavras dirigidas pelo sacerdote no momento da absolvição. Aqui depende da forma longa oferecida pelo *Rito da penitência*, ou da forma breve. Para a validade bastam as palavras essenciais, que são: *Eu te absolvo dos teus pecados, em nome do Pai, do Filho e do Espírito Santo.*

3. O ministro da Penitência

"O ministro do Sacramento da Penitência é somente o sacerdote" (cânon 965). Sacerdote, na linguagem jurídico-canônica, significa tanto o presbítero quanto o bispo.

160

Os *poderes do confessor* se distinguem, de acordo com a tradição da Igreja, em *poder de ordem e poder de jurisdição*. O poder de ordem é mais amplo, porque está fundamentado no Sacramento da Ordem. O poder de jurisdição, no entanto, é restrito à faculdade concedida ao confessor. Essa faculdade é necessária não somente para a liceidade, mas para a validade da confissão (cânon 966, § 1). Pode ser concedida em três modos:

3.1. Pelo próprio direito

1) Em *razão da pessoa*: o papa, os cardeais e os bispos têm a faculdade de ouvir confissões em todo o mundo. Os bispos, para a liceidade, não podem exercer esse poder, se o bispo diocesano se opuser (cânon 967, § 1).

2) Em *razão do ofício*: há a faculdade *territorial*, que é endereçada de acordo com o ofício do bispo (ordinário local), do Cônego penitenciário, do pároco e dos vigários paroquiais (cânon 968, § 1). Também pode haver a *faculdade pessoal*, que se endereça aos superiores de Institutos clericais e Sociedades de Vida Apostólica clericais de direito pontifício, para ouvir confissões de seus súditos (968, § 2).

3.2. Por delegação da autoridade competente

A delegação é concedida pela autoridade competente, nas seguintes circunstâncias:

1) *Para toda a classe de fiéis*: quando a faculdade é concedida pelo ordinário local aos presbíteros de sua circunscrição, ouvir confissões de todos os fiéis (cânon 969, § 1).

2) *Para certa classe de fiéis*: é o caso, por exemplo, dos que recebem a faculdade dos superiores de Institutos Religiosos ou So-

ciedades de Vida Apostólica clericais de direito pontifício, para ouvir confissões de seus súditos (968, § 2).

3.3. Por ampliação da faculdade

Os sacerdotes, em função de sua faculdade, podem ouvir confissões em toda a parte, desde que não sejam contrários à determinação do ordinário local ou do superior competente.

É importante recordar que *quem perde a faculdade de ouvir confissões*, em razão do ofício, da incardinação ou domicílio, *perde essa faculdade para todos os locais*. No caso de confessores religiosos, quando recebem a transferência de domicílio, devem solicitar ao ordinário local nova faculdade para ouvir confissão. Porém, em perigo de morte, todo e qualquer sacerdote, mesmo não havendo a faculdade, pode absolver válida e licitamente qualquer penitente de seus pecados (cânon 976).

4. A confissão e a absolvição comunitária

São previstos os seguintes modos, relacionados à absolvição:

4.1. Confissão individual e absolvição individual

De acordo com o cânon 960, esse é o modo ordinário de ministrar o sacramento.

4.2. Confissão e absolvição individuais na celebração comunitária

Preservando o caráter comunitário da celebração penitencial, a celebração segue a estrutura normal de toda e qualquer celebração, sobretudo com os cantos e a Palavra de Deus. A parte central da celebração consiste no exame de consciência comunitário. A acusação dos pecados e a absolvição, porém, devem ser individuais.

Aqui, seria possível juridicamente, para ganhar tempo, fazer a absolvição coletiva no final da celebração, antes da bênção.

4.3. Confissão e absolvição comunitária

Em caso de comprovada necessidade e de acordo com a tradição da Igreja, é possível, válida e licitamente, dar a absolvição geral aos penitentes, sem necessidade da confissão individual prévia. Isso pode ocorrer, por exemplo, por motivo de guerras, iminente perigo de terremoto, avalanches, incêndio, naufrágio (cânon 961, § 1, 1º).

O cânon 961, § 2, deixa a critério das Conferências Episcopais, sobre as condições de grave necessidade (cf. CNBB, *Legislação Complementar ao Código*: 760).

A experiência pastoral comprova que nem sempre a confissão e a absolvição individual é factível de realização. Em algumas épocas do ano, como é o caso da Semana Santa, os fiéis se *acotovelam* em nossas Igrejas, em busca da reconciliação de suas falhas. É claro que se pode recomendar que dentro de um mês tais fiéis procurem um sacerdote para a confissão personalizada, após a absolvição comunitária, como é previsto na legislação complementar da CNBB. No entanto, são raros os casos que retornam, ou por não encontrarem tempo, ou por comodismo, ou por falta de confessores, ou ainda por se sentirem verdadeiramente perdoados na confissão e absolvição comunitária.

5. O papel do confessor diante dos penitentes

O confessor age sempre como intermediário entre o penitente e Cristo. Por isso, deve favorecer um clima de confiança e segurança em seu ministério. Um dos valores mais preciosos, conservado na sã tradição da Igreja, é o *sigilo sacramental*. Esse sigilo é inviolável (cânon 983, § 1). É a obrigação do confessor, como ética sacerdotal, de não revelar de nenhum modo nada daquilo que o penitente lhe revelou no foro sacramental. Essa ética é tão séria, que nem mesmo diante de ameaças por parte do poder civil o confessor poderá revelar o sigilo. É justamente nesse valor que o penitente encontra o espaço ideal para revelar certos pecados que somente ele e Deus sabem. Nessa perspectiva, os sacerdotes católicos são procurados, inclusive pelos protestantes, para a confissão.

Além do sigilo sacramental, compete ao confessor desempenhar o papel de:

1) *Pastor*: no resgate e acompanhamento de toda a "ovelha desgarrada do rebanho";

2) *Médico*: indicando os valores espirituais adequados diante de cada penitente, como remédios que possam sanar os corações dilacerados;

3) *Juiz*: dando a devida orientação em nome da Igreja, para que o penitente se sinta seguro em suas dúvidas, bem como na boa medida da justiça evangélica diante de cada pecado confessado. Nesse particular, quando o confessor é confuso na orientação e aconselhamento, deixa lacunas que confundem o penitente. O penitente, por sua vez, vai a outros confessores, na busca de respostas mais seguras. No meu modo de entender, se isso acontece, não é culpa do penitente, mas da falta de preparação qualificada do confessor.

6. O confessor diante de casos complicados

É comum acontecer na praxe pastoral acorrerem ao confessionário: prostitutas, prostitutos, divorciados, homossexuais, assassinos, mafiosos, pessoas que praticaram o aborto. Diante desses casos, o confessor deve estar desarmado de certos moralismos. O melhor remédio é a ausculta atenta do penitente, deixando que ele desabafe por completo a sua problemática. Se é passível de solução, que seja concedido o perdão como elixir em nome da misericórdia de Deus, mesmo que seja diante de casos reiterados, isto é, que sempre retornam nos mesmos pecados. Vale lembrar a Parábola do Filho Pródigo, ou de Jesus diante da pecadora pública. Mais vale a atitude do Bom Pastor, do que a atitude do juiz que tem medidas prontas, mais para condenar do que para aliviar o suplício humano.

V
O Sacramento da Unção dos Enfermos

1. Princípios teológico-jurídicos

Desde o início da história da salvação, a enfermidade é inimiga do ser humano, porque quebra a sua harmonia interior, ameaça a vida, rompe com a fluência de suas energias positivas, além de abafar a sua dignidade e autoestima. É um mal físico e moral, que por mais que se lute contra ele, muitas vezes a solução é padecer pacificamente. Um exemplo típico da Sagrada Escritura foi Jó, que lutou ardentemente para se libertar da enfermidade e das correntes que o amarravam ao sofrimento. Porém, no meio das tribulações, Jó supera suas crises e é considerado um herói diante de Deus e da humanidade.

O Papa João Paulo II exorta os doentes a aceitarem esse estado, conformando suas vidas a Cristo sofredor e contribuindo, desse modo, para a santidade da Igreja (cf. PAPA JOÃO PAULO II. Exort. *Salvifici Doloris*, 11/02/1984). Por outro lado, a Igreja intercede pelos doentes, pela conversão de seus pecados e a restituição da saúde para que eles possam reintegrar a comunhão fraterna espiritual e corporal dentro da comunidade. Nessa perspectiva, não há mais espaço na nova visão da Igreja para se falar de *extrema un-*

ção, ou *última unção*, como se fosse o passaporte para a eternidade, mas de *unção dos enfermos*, para que lhes seja restituída a vida.

O Código incorporou a visão teológica apresentada pelo Vaticano II, afirmando que "a Igreja recomenda ao Senhor sofredor e glorificado os fiéis gravemente doentes, para que os alivie e salve" (cânon 998).

2. A matéria e a forma da Unção dos Enfermos

A *matéria* é o "óleo de oliveira ou de outras plantas esmagadas" (cânon 847, § 1). Esse óleo deve ser bento na celebração própria para isso pelo bispo (Quinta-feira Santa) ou em caso de necessidade e dentro da própria celebração, por qualquer presbítero (cânon 999, 2º). A unção é feita na fronte e nas mãos do enfermo. Por um justo motivo, havendo perigo de contágio de uma doença, se pode usar de um instrumento (cânon 1000, § 2). Exemplo: algodão ou cotonete.

A *forma* são as palavras do sacerdote, de acordo com o Ritual.

3. O ministro da Unção dos Enfermos

O ministro da unção *válida* é "todo sacerdote, e somente ele" (cânon 1003, § 1). Para a liceidade, têm o direito de administrar o sacramento todos os que têm a cura pastoral ordinária dos fiéis enfermos, tais como os párocos, os capelães de casas religiosas de institutos laicais ou de outras instituições e os superiores dos institutos clericais de direito pontifício.

4. Condições para alguém receber a Unção

De acordo com os cânones 1004 a 1007, administra-se a Unção à pessoa:

1) Que seja *batizada*.

2) Que tenha *atingido o uso da razão*. A unção de dementes somente seja ministrada se manifestarem a capacidade de raciocinar e querer livremente. Em caso de dúvida, administra-se o sacramento.

3) Que *possua a devida intenção*, ao menos implicitamente, e inclua a vontade de viver de acordo com os princípios cristãos, ou em iminente perigo, que o solicite.

4) Que *comece a estar em perigo de morte por doença ou por velhice*. Se aconselha essa praxe, embora o sacramento não seja para moribundos. Também pode ser ministrada antes de uma operação cirúrgica de risco.

5) Que *não persevere em pecado grave ou manifesto*. Isso é somente para a liceidade. Não é prudente instigar a pessoa ao arrependimento de seus pecados, sobretudo quando está prestes a passar para a outra vida.

A Unção dos Enfermos pode ser reiterada, sempre que o doente, uma vez convalescido, recaia na enfermidade grave ou se a enfermidade for permanente. Pastoralmente, se recomenda a repetição desse sacramento, que funciona como elixir para aliviar as tensões do enfermo.

Por outro lado, se recomenda que a Unção seja unida aos outros sacramentos, na seguinte sequência:

1) Penitência;

2) Unção;

3) Eucaristia.

A celebração pode ser comunitária ou individual, de acordo com as circunstâncias. A celebração comunitária da Unção dos Enfermos serve de incentivo e encorajamento aos que se encontram no martírio de uma doença, para que sejam fortalecidos e elevem a sua autoestima dentro da comunidade.

5. A questão do ministro da Unção

Apresentamos, a seguir, algumas razões que nos ajudam a repensar sobre o ministro da Unção:

1) No início da era cristã os *Santos óleos* eram ministrados também por fiéis leigos. Temos como testemunhas dessa época Cesário de Arles (séc. VI); Beda o Venerável (séc. VIII). Essa prática foi podada mais tarde, com Tomás de Aquino, afirmando que o sacramento é reservado ao sacerdote. A partir dessa época, nem o diácono e nem o fiel leigo podiam ministrá-lo na Igreja.

2) Nos últimos anos houve uma acentuada escassez de presbíteros, dificultando em certo modo a administração desse sacramento.

3) Na maioria dos hospitais ou casas religiosas, religiosos não ordenados e fiéis leigos e leigas visitam os doentes. Muitas vezes, atuam como ministros extraordinários da Eucaristia e prestam esse serviço de visita e encorajamento dos enfermos, porém não estão autorizados a ministrar o óleo da Unção.

4) Quase todos os que solicitam os *Santos óleos* não requerem ao mesmo tempo a Confissão, que é reservada ao sacerdote.

5) Os *Santos óleos* são bentos pelo bispo, na Quinta-feira Santa e depois distribuídos a todas as paróquias e entidades eclesiais. Esse óleo somente é bento pelo sacerdote, quando vier a faltar.

Tendo como base esses pontos, não seria conveniente questionar a atual praxe da Igreja? Que a Unção pertença ao ministério dos sacerdotes, é indiscutível. É discutível, porém, que ela seja ministrada *somente pelos sacerdotes*.

VI
O Sacramento da Ordem

1. Princípios teológico-jurídicos

O Sacramento da Ordem, desde o início das primeiras comunidades cristãs, visa sobretudo a coordenação e a santificação da comunidade eclesial. Sem dúvida que o ordinando também participa da graça sacramental, porém essa graça é o carro-motor do desempenho dos demais sacramentos na dimensão comunitária do Povo de Deus. Por isso, o ordinando não pode pensar apenas no seu lado pessoal, mas no lado da Igreja. Muitos até defendem que se não houvesse necessidade, não se deveria ordenar somente em vista de um *status* pessoal. A ordenação não é para o indivíduo, mas para a Igreja.

O Sacramento da Ordem imprime *caráter* (cânon 1008). Por consequência, não pode ser reiterado. Quem se ordena, é para toda a vida que se ordena. Mesmo que a pessoa receba o indulto de dispensa das obrigações derivantes do celibato, para todos os efeitos, permanece o caráter indelével da ordenação.

Os três graus das ordens sagradas são: o diaconato, o presbiterato e o episcopado (cânon 1009, § 1).

2. A matéria e a forma da Ordenação

A *matéria* é determinada segundo o grau da ordem, a saber:

1) *Para a ordenação diaconal,* a matéria é a imposição única das mãos do bispo.

2) *Para a ordenação presbiteral:* a matéria é a imposição das mãos do bispo. Os demais sacerdotes podem ser convidados também a impor as mãos sobre a cabeça do ordinando.

3) *Para a ordenação episcopal:* a matéria é a imposição das mãos feita pelo bispo ordenante, seguida pela imposição dos demais bispos concelebrantes.

A *forma* são as palavras do Ritual usado em cada grau da ordem sagrada.

3. O ministro da Ordenação

1) *O ministro da ordenação válida* é todo e somente aquele que possui o caráter episcopal (cânon 1012).

2) *O ministro da ordenação lícita* depende sempre da devida jurisdição do bispo, de acordo com o grau de cada ordenação: 1º) Na *ordenação episcopal,* o bispo ordenante deve ter o mandato pontifício, que se destina à comunhão hierárquica com a cabeça e seus membros (LG 22, *Nota explicativa prévia*). 2º) Na *ordenação diaconal ou presbiteral,* é o "bispo próprio" ou aquele que recebeu as "cartas dimissórias" (cânon 1015, § 1). No caso de candidatos ao *clero secular,* o bispo próprio é o bispo da diocese de domicílio (incardinação) ou o desejo de ser incardinado. Para os candidatos ao *clero religioso,* o bispo ordenante é o da diocese onde está situada a fraternidade religiosa, ou outro bispo convidado. Para ambos, é necessário haver as cartas dimissórias, que são concedidas pelo superior competente. Caso contrário, a ordenação é inválida.

4. Condições e requisitos para alguém ser ordenado

4.1. Condições básicas

1) As condições absolutamente necessárias à *valida ordenação*: o *ser varão e estar batizado* (cânon 1024).

2) As condições para a *lícita ordenação*, além das três qualidades básicas (sexo masculino, batismo e intenção suficiente), para a *liceidade*, o candidato deve preencher os seguintes requisitos:

4.2. Requisitos positivos

1) *Liberdade* na escolha vocacional.

2) *Qualidades físicas e psíquicas*: fé íntegra, reta intenção, boa reputação, integridade de costumes e virtudes comprovadas (cânon 1029).

3) *Formação e ciência devida*: aspectos intelectuais, espirituais e pastorais (cânon 232-264; 1027; 1029): *1º) Para o diaconato transitório*: ter completado o quinto ano do sexênio filosófico-teológico. Normalmente se dá no terceiro ano de Teologia (cânon 1032, § 1). *2º) Para o diaconato permanente*: ter completado o "tempo de formação", de ao menos três anos (cânon 236). De acordo com a CNBB, o currículo dos estudos ao diaconato permanente deve constar de: Sagrada Escritura, Teologia dogmática e moral, História da Igreja, Liturgia, Pastoral, Direito Canônico e outras disciplinas especiais e auxiliares. *3º) Para o presbiterato*: ter completado o quinto ano do sexênio filosófico-teológico. Equivale ao quarto ano de Teologia, após a Filosofia, na maioria dos Seminários Maiores da Europa. Também é necessário um estágio pastoral na qualidade de diácono.

4) *Idade canônica*: No Código de 1917, a idade prevista era de 21 anos completos para o *subdiaconato*; 22 anos, para o *diaconato* e

24 anos, para o *presbiterato* (cânon 975). No atual Código (cânon 1031), se estabelece a seguinte idade: *1º) Para o diaconato transitório*: 23 anos completos. *2º) Para o diaconato permanente celibatário*: 25 anos. A CNBB fixou a idade mínima de 30 anos completos. *3º) Para o diaconato permanente de homens casados*: 35 anos completos. *4º) Para o presbiterato*: 25 anos completos. *5º) Para o episcopado*: 35 anos completos.

5) *Interstícios*: é o intervalo mínimo de seis meses, que deve haver entre o diaconato e o presbiterato (cânon 1031, § 1). Entre o presbiterato e o episcopado, esse intervalo deve ser de ao menos cinco anos (cânon 378, § 1, 4º).

4.3. Atos anteriores à ordenação (pré-requisitos)

1) *Recepção do Sacramento da Confirmação* (cânon 1033);

2) *Admissão entre os candidatos ao estado clerical*: é um rito especial, realizado mediante a petição do candidato, por escrito, salvo restando se os candidatos são membros de um instituto clerical (cânon 1034).

3) *Recepção dos ministérios de leitor e acólito*: não há nenhuma exigência sobre os interstícios entre um e outro. Assim, os dois ministérios podem ser ministrados no mesmo momento (cânon 1035, § 1). Porém, entre o acolitato e o diaconato há um interstício de ao menos seis meses (cânon 1035, § 2).

4) *Declaração por escrito do estado de liberdade do candidato* (cânon 1036).

5) *Assunção do estado clerical* (menos para os candidatos ao diaconato permanente, já casados), conforme o rito litúrgico prescrito (cânon 1037).

6) *Exercícios espirituais*: um retiro de no mínimo cinco dias completos no lugar determinado pelo próprio ordinário.

4.4. Requisitos negativos

1) São *irregularidades para receber as ordens sagradas*: *1ª) Doença psíquica*, que os incapacite ao exercício das ordens, a juízo dos peritos (cânon 1041, 1º); *2ª) Os delitos de apostasia, heresia e cisma contra a fé* (cânon 1041, 2º); *3ª) Tentativa de matrimônio*: quando um dos cônjuges está ligado por vínculo matrimonial anterior, por ordem sagrada ou por voto público e perpétuo de castidade (cânon 1041, 3º); *4ª) Mutilação grave ou tentativa de suicídio* (cânon 1041, 5º): essa mutilação deve ser grave e voluntária, para que constitua-se em delito. O suicídio, por sua vez, seria incoerente com a maturidade psicológica, uma vez que, via de regra, é fruto de uma perturbação mental, sendo visto como uma doença psíquica; *5ª) Exercício ilegal do poder de ordem* (cânon 1041, 6º): deriva da não recepção do Sacramento da Ordem, com o seu exercício ilícito.

2) São *simples impedimentos para receber ordens: 1º) Vínculo matrimonial válido* (cânon 1042, 1º); *2º) Ofício ou administração proibidos a clérigos* (cânon 1042, 2º; 285-286); *3º) Recepção recente do Batismo* (cânon 1042, 1º): são os chamados *neófitos*, pelo fato de estarem na necessidade de provar sua fé, antes da ordenação. Porém, não é considerado neófito alguém que recebe um *Batismo sob condição*, por se tratar de adulto na fé e na caminhada da Igreja.

3) São *irregularidades ou impedimentos para o exercício das ordens recebidas: 1ª) Recepção ilícita das ordens sacras* (cânon 1044, § 1, 1º); *2ª) Delito público de apostasia, heresia ou cisma* (cânon 1044, § 1, 2º); *3ª) Tentativa de matrimônio, homicídio voluntário, aborto provocado, mutilação, tentativa de suicídio ou exercício ilegal do poder de ordem* (cânon 1044, § 1, 3º); *4ª) Doença psíquica contraída após a ordenação* (cânon 1044, § 2, 1º).

5. Casos concretos da praxe pastoral

Caso 1: Alguém escreve um e-mail, perguntando se um divorciado poderia ser padre. Antes de tudo, é preciso esclarecer o seguinte:

– Como foi celebrado tal casamento? Foi contraído apenas no civil, ou foi religioso com efeito civil?

Se o casamento foi religioso, então houve sacramento. De acordo com o cânon 1041, 3º, não será possível assumir o Sacramento da Ordem, porque para a Igreja, embora haja o divórcio já homologado, o vínculo sacramental permanece. Nesse caso, ele teria que procurar a autoridade competente da Igreja, em vista do outro vínculo que pretende instaurar na Igreja. Normalmente, o Bispo, depois de uma longa conversa, solicita da ex-esposa uma carta de estado livre do demandante. Porém, se o matrimônio foi contraído somente no civil e não tem nenhuma pendência a resolver (pensão dos filhos etc.), para a Igreja seria como se esse matrimônio não existisse, porque não é reconhecido pela mesma.

Assim, esse candidato estaria livre para entrar na Ordem, desde que faça toda a preparação exigida ao sacramento.

Caso 2: Um senhor, bem-vestido, se apresenta na portaria de um convento, em São Paulo, identificando-se como padre. É bem-acolhido. Recebe um quarto para a hospedagem e lhe são oferecidas algumas missas, com suas devidas intenções. Ele as celebra de acordo com o missal. Depois que parte, vai para outro convento e lá lhe pedem um documento de identificação. Não demonstrando claramente que era presbítero, o guardião é chamado e lhe interroga sobre a diocese de onde veio. Depois de solicitada a devida documentação, se revela que o sujeito não era ordenado presbítero, mas que estava aplicando o golpe do *padre*, exercendo assim ilegalmente o seu poder de ordem.

Como se percebe, é prudente exigir sempre um documento de identificação, ou consultar se o seu nome consta no *Anuário Católico*.

Em relação às missas celebradas, não se pode voltar atrás, a não ser em relação às intenções solicitadas pelos fiéis. Nesse caso, deve ser respeitado o direito dos fiéis e celebrar as devidas missas novamente, segundo as suas intenções (cânon 948).

VII
O Sacramento do Matrimônio

1. O direito ao matrimônio na perspectiva do Direito Romano

O direito romano cunhou uma expressão muito usada no direito canônico até os nossos dias. Trata-se do *ius connubii*. Essa expressão indica que o direito ao matrimônio é um direito natural e fundamental de todo ser humano. Faz parte da estrutura original da pessoa, seja ela varão ou varoa, ordenada pela própria natureza à união estável com uma pessoa de outro sexo. É uma situação integrante da pessoa, que por sua vez desemboca numa situação jurídica, passando de um nível meramente individual ao nível social.

Ao se afirmar que o direito ao matrimônio é parte integrante do ser humano, porém, não significa que todo ser humano por si mesmo tenha plena garantia no exercício desse direito natural e fundamental. No direito romano, o direito de contrair núpcias era um requisito positivo, exigido de ambos os cônjuges. Esse direito consistia na capacidade que lhe era oferecida pelo ordenamento jurídico para constituir entre ambos uma relação conjugal juridicamente válida. Em outras palavras, no direito romano, nem todos tinham direito a contrair matrimônio com efeito jurídico. Por exemplo: os escravos e peregrinos estavam vetados às núpcias, por não serem considerados cidadãos romanos. Justifica-se que o matrimônio era uma situação que tinha a sua relevância jurídica, resultante da convivência de um homem e de uma mulher. Por ser uma situação social e jurídica, não bastava a mera convivência a dois, ao que hoje denominamos de *união de fato*. A mera união de fato, se de fato acontecia como um fator social, não era automaticamente reconhecida pelo direito. Para que isso acontecesse, era preciso que o convívio estável entre o varão e a varoa fosse legitimado pela vontade, por intermédio do consentimento das partes. Essa vontade das partes, por sua vez, devia ser continuada e permanente, onde era demonstrado de fato que as partes constituíssem uma comunhão total de vida, justificada pela *affectio maritalis*. Diante da sociedade comum, qualquer outro tipo de convivência, contrário a esses princípios jurídicos, era considerado como *concubinato*.

A relevância jurídica do direito ao matrimônio exigia das partes certos requisitos, dentre os quais destaca-se a exigência do *connubium*. O *conúbio* era a união matrimonial em modo estável, que conduzia ao *matrimonium iustum*. Não se reconhecia, por exemplo, o *conúbio* entre pessoas unidas por vínculo de parentesco. Essas uniões, além de serem proibidas pelo direito, eram consideradas incestuosas e nefandas. Por outro lado, também não se reconhecia o *conúbio* entre os cidadãos da Roma clássica e os estrangeiros, bem como o *conúbio* entre cidadãos da mesma cidade, porém de diferentes classes sociais. Aqui entrava a proibição do *conúbio* entre os escravos e as pessoas livres, porque não se reconhecia a personalidade dos escravos.

O Imperador Caracala (212) estendeu a cidadania romana a todos os súditos do império. Através dessa extensão, difundiu-se o *conúbio* entre os cidadãos e os estrangeiros que estavam sob o domínio do Império Romano.

Com o advento do cristianismo, a compreensão da personalidade foi alargada, onde todos os seres humanos, criados à imagem e semelhança de Deus, remidos por Cristo, têm o direito fundamental ao *conúbio*. Nessa perspectiva, recuperou-se a compreensão do direito natural ao matrimônio de todas as pessoas, independente da sua condição de escravo ou de estrangeiro.

Portanto, aquele direito natural ao matrimônio (*ius connubii*), coibido pelo Direito Romano, adquire uma nova roupagem com o cristianismo, continuando em vigor até os nossos dias.

2. O direito natural ao matrimônio segundo o Magistério da Igreja

De acordo com o cânon 1055, a vocação de quem é chamado por Deus ao matrimônio traz no bojo alguns elementos essenciais, que são imprescindíveis desse direito natural. Ao afirmar a vocação natural ao matrimônio, significa que esse direito é parte integrante de toda pessoa humana. Por isso não pode ele ser *terceirizado*. Contudo, há pessoas que se sentem chamadas para a vocação religiosa consagrada e sacerdotal. Esse chamado exige delas a renúncia ao direito natural ao matrimônio, em vista do voto religioso de castidade ou da promessa do celibato sacerdotal. Porém, esse direito permanece atenuado (suspenso). No caso de a pessoa não se realizar na vocação abraçada, pode voltar atrás e ressuscitar esse seu direito natural ao conúbio, desde que seja livre e desimpedida.

Tais elementos são:

1) a convivência estável;

2) entre um homem e uma mulher;

3) ordenado ao bem dos cônjuges, à geração e à educação da prole;

4) entre batizados;

5) elevado à dignidade sacramental por Cristo.

Perpassando os documentos do Concílio Vaticano II, praticamente todas as referências sobre o matrimônio encontram-se na Constituição Pastoral *Gaudium et Spes* (GS). Esse documento, dividido em duas partes, dedica o primeiro capítulo da segunda parte ao matrimônio. O capítulo intitula-se: *A promoção da dignidade do matrimônio e da família*. A abordagem do tema, apesar de sucinto, obedece ao seguinte esquema:

1) O matrimônio e a família no mundo de hoje;

2) A santidade do matrimônio e da família;

3) O amor conjugal;

4) A fecundidade do matrimônio;

5) A harmonização do amor conjugal com respeito à vida humana;

6) A promoção do matrimônio e da família como um dever de todos.

2.1. *O matrimônio e a família no mundo de hoje*

Vivemos inseridos num contexto humano em que a maioria das instituições vivem situações de penumbra. O Estado está desacreditado pela opinião pública; há uma desconfiança generalizada no sistema político; a religião tornou-se objeto de indiferentismo pela maioria de seus crentes; a vida econômica e social vive numa situação de caos; os projetos de paz não passam de meros projetos, muitas vezes frustrados pelos representantes dos povos, numa tentativa de resgatar valores sólidos entre os seres humanos. E a família, como vai?

Nos últimos anos prolifera-se o divórcio, o amor livre, as chamadas *uniões de fato* e tantas outras deformações da família. É claro que devemos analisar os casos em crise, enfrentando as suas verdadeiras causas, antes que lançar um juízo negativo sobre esses problemas de ordem familiar. No entanto, "o amor conjugal é muito frequentemente profanado pelo egoísmo, pelo hedonismo e por práticas ilícitas contra a geração" (GS 47).

Os cristãos católicos, neste contexto, não podem permanecer de braços cruzados, achando que tudo está perdido, numa visão pessimista de realidade conjugal. O concílio encoraja "os cristãos e todos os seres humanos que envidam esforços no sentido de salvaguardar e promover a dignidade original e o singular valor sagrado do estado matrimonial" (GS 47).

2.2. A santidade do matrimônio e da família

O pacto conjugal foi instaurado pelo Criador para que o homem e a mulher pudessem doar-se e receber-se mutuamente. Deste modo, "o próprio Deus é o autor do matrimônio dotado de vários fins, que são todos de máxima importância para a continuação do gênero humano, para o aperfeiçoamento pessoal e a sorte eterna de cada um dos membros da família, para a dignidade, estabilidade, paz e prosperidade da própria família e da sociedade humana inteira" (GS 48). Sendo uma instituição natural, divina pela sua própria natureza, o homem e a mulher "já não são dois, mas uma só carne" (Mt 19,6), um doando-se ao outro, na procriação e na educação dos filhos. Essa união recíproca de duas pessoas, logicamente, exige "a perfeita fidelidade dos cônjuges e sua indissolúvel unidade" (PAPA PIO XI. Encíclica *Casti Connubii*. AAS, 22 [1930]: 546-547).

O pacto divino entre o homem e a mulher foi elevado por Cristo à dignidade de sacramento (cf. Mt 9,15; Mc 2,19-20; Lc 5,34-35; Jo 3,29; 2Cor 11,2; Ef 5,27; Ap 19,7-8; 21,2.9). "Cristo Senhor abençoou largamente esse amor multiforme originado da fonte da caridade divina e constituído à imagem de sua própria união com a Igreja" (GS 48). O amor conjugal, por sua vez, deve ser autêntico, cultivado na missão mútua do ser pai e ser mãe, exercendo um verdadeiro caminho de santidade a dois.

Do exercício desse amor nasce, cresce e se desenvolve a paternidade e a maternidade responsáveis para com os filhos. O matrimônio, sendo assistido e santificado por Deus, cria laços de uma verdadeira vida religiosa em família, educando os filhos nos valores cristãos, como primordial tarefa dos pais. Os filhos, por sua vez, se são educados religiosamente, são eternamente agradecidos aos pais pelos seus benefícios recebidos. Empreendem, por consequência, a assistência dos pais na viuvez ou na solidão de sua velhice. Uma família que vive esses valores e riquezas espirituais traça e executa um projeto de felicidade, solidariedade recíproca, sendo fecunda dentro da Igreja e da sociedade.

2.3. O amor conjugal

O amor conjugal faz parte já da fase preparatória ao matrimônio, através do noivado. Esse amor passa pelas suas várias etapas, ou seja, a etapa da inclinação erótica, da amizade e da vida a dois, num processo de mútua doação. Esse amor, quando é bem cultivado, "envolve o bem de toda a pessoa; portanto, é capaz de enobrecer as expressões do corpo e da alma como elementos e sinais específicos da amizade conjugal e de enriquecê-los com uma especial dignidade" (GS 49). E quando é robustecido pela graça de Cristo, esse amor faz com que o casal desenvolva as mútuas potencialidades do respeito e da dignidade humana, presente e atuante na vida matrimonial. De outro lado, o amor conjugal vivido nessa dimensão será estimado também pelo público, distinguindo os cônjuges cristãos pelo seu "testemunho de fidelidade e harmonia nesse amor e no cuidado pela educação dos filhos..." (GS 49).

2.4. A fecundidade do matrimônio

No início da criação do mundo Deus disse: "Não convém ao homem ficar sozinho" (Gn 2,18). Deste modo, Deus criou o homem e a mulher (Mt 19,4), deixando-lhes o legado da participação especial na obra da criação, dizendo: "crescei e multiplicai-vos" (Gn 1,28). Significa que os cônjuges receberam de Deus a função de "cooperar corajosamente com o amor do Criador e do Salvador que por intermédio dos esposos aumenta e enriquece a família" (GS 50). Portanto, o ofício de transmitir a vida e educar a geração, faz com que eles desempenhem "seu múnus com responsabilidade cristã e humana e, num respeito cheio de docilidade para com Deus..." (GS 50). Neste sentido o Magistério da Igreja insiste que essa tarefa, mesmo sendo difícil e árdua, obedeça a uma procriação que seja, ao mesmo tempo, "com responsabilidade generosa, humana e cristã" (GS 50).

Porém, o matrimônio não foi instituído apenas em função da procriação, porque "a própria índole do pacto indissolúvel entre pessoas e o bem da prole exigem que também o amor recíproco se realize com reta ordem, que cresça e amadureça. Por isso, embora os filhos muitas vezes tão desejados faltem, continua o matrimônio como íntima comunhão de toda a vida, conservando seu amor e sua indissolubilidade" (GS 50).

2.5. A harmonização do amor conjugal com respeito à vida humana

Cada vez mais o amor conjugal sente-se ameaçado pelas tentações hodiernas. Vivemos num contexto social eivado de ideias provenientes do consumismo. Nesse contexto, não é fácil nadar contra a correnteza, perseverando nos valores familiares propostos pelo Evangelho e pelos documentos do Magistério da Igreja. Em todo o caso, o Vaticano II é claro ao ressaltar que "onde se rompe a intimidade da vida conjugal, não raramente a fidelidade pode entrar em crise e o bem da prole pode ser comprometido, pois então periclitam a educação dos filhos e a coragem de ter nova prole" (GS 51). Daí, a necessidade de recuperar a fidelidade conjugal, por mais difícil que ela seja, procurando ser fiel ao pacto inicial, semelhante ao pacto feito entre Deus e o seu povo. Uma dica importante nessa linha de pensamento é evitar contatos com pessoas ou meios de comunicação, que apresentem soluções desonestas a esse tipo de problema. Na vida cristã e católica não pode haver, por outro lado, contradição entre as leis divinas e a transmissão da vida (GS 51).

Portanto, a Igreja não é contra o ato sexual, que brota da harmonia na vida a dois. Contudo, é contra os atos imorais, que não transmitem a vida ou são realizados apenas para a satisfação do hedonismo humano. Por outro lado, a Igreja determina os critérios objetivos relacionados à vida conjugal e destinados à doação mútua e à procriação responsável. Também reprova adotar meios ilícitos na regulação da prole, que seriam os meios artificiais, condenados pela Igreja (cf. PAPA PIO XI. Encíclica *Casti Connubii*: 559-561).

2.6. A promoção do matrimônio e da família como um dever de todos

Com a emancipação social da mulher, fica cada vez mais difícil que ela fique no lar, cuidando de seus filhos, enquanto o marido dedica-se ao trabalho. Hoje, tanto o marido quanto a mulher, dedicam-se ao mútuo sustento da família, havendo um emprego fora. Porém, isso não justifica o abandono do lar. Muitas horas restam à disposição dos dois, para que dediquem o tempo suficiente e necessário à boa educação da prole (GS 52).

A família, sendo a célula primária de uma boa sociedade, deveria ser promovida e assistida por todas as instâncias do Estado e da sociedade em geral, para que pudesse garantir a educação humana, cristã e religiosa de seus filhos, nas escolas estatais. No entanto, isso raramente acontece. E quem não dispõe de recursos para pagar uma escola particular, contenta-se em disputar uma vaga na escola pública, ou é obrigado a ver seus filhos ausentes da escola, por falta de recursos e de responsabilidade da administração pública.

Essa tarefa é objeto também dos especialistas nas ciências biológicas, médicas, sociais e psicológicas, que tanto podem contribuir neste certame (GS 52).

Desta forma, o dever de promover o matrimônio e a educação dos filhos começa com a família, como *Igreja doméstica*, depois estende-se à Igreja comunidade, ao Estado e a toda a sociedade. Uma Igreja e um Estado que não envidam esforços para proporcionar essas condições estão fadados a consequências nefastas ao ser humano, desembocando na ausência de sua realização, envolvimento com drogas, alcoolismo, violência e carência de solidariedade com toda a humana criatura.

No dia 22 de novembro de 1981, o Papa João Paulo II publicou a Exortação Apostólica *Familiaris consortio*, como resultado do Sínodo dos Bispos de 1980, que se debruçou sobre o papel da família cristã no mundo contemporâneo. E no dia 24 de novembro de 1983, a Santa Sé publicou a *Carta dos Direitos da Família*. Essa Carta exorta os estados, organizações internacionais e todas as instituições e pessoas interessadas, para que promovam e respeitem os direitos ligados ao matrimônio. Merece destaque nessa matéria o artigo I, que assim determina:

> Todas as pessoas têm o direito de eleger livremente o estado de vida e, portanto, o direito de contrair matrimônio e constituir família, ou de permanecer celibatárias:

a) Cada homem e cada mulher, tendo atingido a idade matrimonial e a capacidade necessária, têm o direito de contrair matrimônio e constituir família sem discriminação de nenhum tipo; as restrições legais quanto a exercer este direito, sejam elas de natureza permanente ou temporária, podem ser introduzidas unicamente quando requeridas por graves e objetivas exigências da instituição do próprio matrimônio e do seu caráter social e público; devem respeitar em todo o caso a dignidade e os direitos fundamentais da pessoa.

b) Todos quantos desejam casar-se e constituir família têm o direito de esperar da sociedade as condições morais, educativas, sociais e econômicas que lhes permitam exercer o seu direito de contrair matrimônio com toda a maturidade e responsabilidade.

c) O valor institucional do matrimônio deve ser reconhecido pelas autoridades públicas; a situação dos pares sem casamento não deve pôr-se no mesmo nível que o matrimônio devidamente contraído (*Enchiridion Vaticanum*, 9 [1983-1985]: 472-473 [tradução do autor]).

Portanto, para haver comunidades cristãs bem qualificadas na mútua edificação do reino, é necessário que essa responsabilidade seja encarada com seriedade pela família e por todos os setores da Igreja e da sociedade. Não se pode encruzar os braços, assistindo de fora, perpetuando o velho ditado: "Enquanto os cães ladram, a caravana passa". Todos somos responsáveis, direta, ou indiretamente, pelos cães e pela caravana, para que aconteça o novo céu e a nova terra em nosso meio.

3. O direito e o dever da preparação ao matrimônio

O matrimônio, por ser uma instituição de vida a dois, exige dos cônjuges a devida preparação, em vista do compromisso a ser assumido diante da família, da sociedade e da Igreja. Para constituir um pacto permanente e realizável da vida a dois as partes devem demonstrar maturidade física, psíquica e religiosa. Essa maturidade perpassa todo o itinerário formativo e educativo dos cônjuges, desde o nascimento até o momento da decisão ao matrimônio. Aqui entra a colaboração dos pais, enquanto Igreja doméstica, da escola, da sociedade em geral e da comunidade cristã em que a pessoa está inserida pelo seu batismo.

Pouco ou quase nada se fala sobre essa formação anterior ao curso. Porém, é necessário resgatar o valor da vocação matrimonial, fomentando uma formação humana e cristã qualificada e séria neste certame, em vista da família a ser constituída.

3.1. Exigências da Igreja, em função da preparação matrimonial

O Código de 1983 apresenta as seguintes exigências:

1) Que os pastores de almas que cuidam da comunidade eclesial prestem assistência aos fiéis, concernente à pregação, catequese apropriada aos menores, jovens e adultos. Esta preparação tem a finalidade de instruir os cônjuges e os pais cristãos sobre o sentido e o papel do matrimônio (cânon 1063, 1º).

2) Que a preparação dos cônjuges seja destinada à santidade e deveres de seu estado (cânon 1063, 2º).

3) Que seja feita uma frutuosa celebração litúrgica do matrimônio, simbolizando o amor fecundo entre Cristo e a Igreja (cânon 1063, 3º).

4) Que seja prestado um auxílio aos casados, guardando e defendendo a aliança conjugal em vista da família (cânon 1063, 4º)

5) Que os católicos sejam admitidos previamente ao Sacramento da Confirmação, se isto não for por grave incômodo (cânon 1065, § 1).

6) Que os noivos se aproximem, na medida do possível, aos sacramentos da Eucaristia e da Penitência para uma frutuosa preparação ao matrimônio (cânon 1065, § 2).

7) Que conste a ausência de impedimentos à celebração (cânon 1066). Todos os fiéis têm obrigação de manifestar ao pároco ou ao bispo algum impedimento, anterior à celebração (cânon 1069).

8) Que não sejam celebrados, sem a devida licença do bispo (cânon 1071, § 1): 1º) O matrimônio de vagantes; 2º) O matrimônio que não possa ser reconhecido ou celebrado civilmente. Nessa questão, são muitos os pedidos de licença ao bispo para matrimônios de cônjuges viúvos, para não perder a pensão. Em si, cada caso deve ser visto no seu contexto pastoral e de necessidade, em função do bem que se possa prestar ao matrimônio; 3º) O matrimônio de quem tem obrigações naturais, de uniões precedentes, para com a outra parte ou para com os filhos. Ex.: concubinato, separação judicial, desquite ou divórcio; 4º) O matrimônio de quem tenha abandonado notoriamente a fé católica. O abandono deve ser através de um ato formal, declarado ao pároco ou ao bispo; 5º) O matrimônio de quem esteja sob alguma censura eclesiástica. Ex.: excomungado; 6º) O matrimônio de menor, sem o consentimento dos pais; 7º) O matrimônio contraído por procuração (cânon 1105). Somente será possível esse matrimônio, com a licença do bispo, se houver assinatura do pároco, ou do bispo, ou de um sacerdote delegado, ou de duas testemunhas, ou mediante procuração civilmente válida, passada em cartório. Ex.: procuração de quem esteja preso ou exilado.

Além dessas exigências, segundo o cânon 1067, a Conferência Episcopal de cada nação estabelece ainda algumas normas sobre o exame dos noivos, sobre os proclamas matrimoniais e outros requisitos anteriores ao matrimônio. A CNBB estabelece o seguinte:

"Para a celebração do matrimônio, deve ser instruído na paróquia o processo de habilitação matrimonial, como segue:

1) O pároco, ou quem responde legitimamente pela paróquia ou comunidade, tenha obrigatoriamente um colóquio pessoal com cada um dos nubentes separadamente, para comprovar se gozam de plena liberdade e se estão livres de qualquer impedimento ou proibição canônica, notadamente quanto aos cânones 1071, 1083-1094, 1124.

2) Apresentem-se os seguintes documentos: Formulário devidamente preenchido, contendo dados pessoais e declaração assinada pelos nubentes que não estão detidos por qualquer impedimento ou proibição e que aceitam o Sacramento do Matrimônio, tal como a Igreja Católica o entende, incluindo a unidade e a indissolubilidade; certidão autêntica de batismo (batistério), expedida expressamente para casamento e com data não anterior a seis meses da apresentação da mesma, incluindo eventuais anotações marginais do livro de batizados; Atestado de óbito do cônjugue anterior, quando se trata de nubente viúvo; comprovante de habilitação para o casamento civil; outros documentos eventualmente necessários ou requeridos pelo bispo diocesano.

3) Quanto aos proclamas: faça-se a publicação do futuro matrimônio, no modo e no prazo determinados pelo bispo diocesano.

4) Se um dos nubentes residir em outra paróquia ou diocese, diferente daquela em que for instruído o processo de habilitação matrimonial, serão recolhidas informações e se farão os proclamas também na paróquia daquele nubente.

5) Se for constatada a existência de algum impedimento ou proibição canônica, o pároco deve comunicá-la aos nubentes e, conforme o caso, encaminhar o pedido de dispensa ou de licença.

6) Cuide-se da preparação doutrinal e espiritual dos nubentes, conforme as determinações concretas de cada diocese" (Código de Direito Canônico. Apêndice: 760-761).

3.2. Questões relacionadas à preparação matrimonial

De acordo com a exigência do cânon 1063, 1º, os pastores de almas têm o dever de cuidar que os futuros nubentes sejam devidamente preparados, através da pregação, da catequese apropriada aos menores, jovens e adultos, na finalidade de instruir os cônjuges e os pais cristãos sobre o sentido e o papel do matrimônio. Essa norma deve descer do campo teórico ao prático, para que não seja uma mera exortação do Código.

Os *cursos de noivos* são organizados, periodicamente, em cada paróquia, obedecendo uma certa gradualidade entre os temas relacionados à parte biológica, familiar e sacramental dos nubentes.

Na Paróquia Nossa Senhora do Pilar (Duque de Caxias), por exemplo, são sugeridos os seguintes temas:

1) Namorar para amar;

2) Um projeto espiritual para a vida matrimonial;

3) A harmonia sexual do casal;

4) A família e a sociedade;

5) O número de filhos e a sua educação católica;

6) Os sacramentos e o Sacramento do Matrimônio;

7) A maturidade psicológica e espiritual dos nubentes.

Os temas acima sugeridos não são únicos. Podem surgir outros, desde que sejam abordados em harmonia com o programa desenvolvido pela equipe da pastoral familiar da paróquia.

Além do costumeiro curso de noivos, deveríamos analisar com carinho a questão da *manutenção do matrimônio*. Esse e outros sacramentos não deveriam ser vistos como pacotes prontos, que não necessitam mais da atenção dos pastores e da comunidade. Muitos casais contraem núpcias e se fecham na *Igreja doméstica*, como se essa fosse autônoma e independente da comunidade.

Aos poucos, a vida a dois vai se desgastando e, na carência de sentido pela rotina do cotidiano, pode desencadear numa crise sem solução. Por isso, em muitas dioceses, particularmente nas paróquias, a Igreja despertou para a necessidade de acompanhar de perto os casais. Nesse sentido, a pastoral familiar vai de casa em casa, onde é solicitada, ou onde percebe que deve penetrar, e apresenta um *projeto de formação permanente do matrimônio*. Esse projeto consiste num programa de espiritualidade da vida a dois, com subsídios práticos para conservar e resgatar o valor sacramental dentro do lar. Há depoimentos, ao menos na região de Duque de Caxias onde eu atuo pastoralmente, que nos encorajam muito. Os casais da pastoral familiar também não medem esforços nessa área, organizando encontros de casais *normais*, casais irregulares, casais de terceira idade e tantas outras iniciativas. O resultado disso é que está aumentando a perseverança na vida matrimonial, bem como a realização de casamentos comunitários, de gente que se sente atraída e convicta a legitimar o seu consentimento natural diante da Igreja.

3.3. Casos pastorais

Caso 1: Dona Maria apresenta-se na nossa portaria. Depois de uma longa história, entre lágrimas, desabafa que gostaria de comungar na Igreja, mas vive em situação irregular no casamento. Ela é casada somente no civil há 15 anos. Pergunta como poderia ser resolvido o seu caso.

Resposta: Considerando que ela casou-se somente no civil, foi convidada à legitimação (renovação do consentimento diante da Igreja). Aceitou e hoje vive feliz e participa ativamente da comunidade, ela e seu marido.

Caso 2: Benedito casou-se com Gertrudes apenas no civil. Mais tarde, separou-se dela, mas não encaminhou o divórcio. Atualmente, Benedito recebeu os sacramentos iniciais. Participa ativamente na comunidade, mas vive amasiado com outra mulher, Selenita. O que fazer?

Resposta: Após atenta conversa com Benedito e sua amante, sugere-se que ele encaminhe o divórcio o quanto antes com Gertrudes. Quando averbado o divórcio, ele estará livre para as núpcias na Igreja com Selenita.

Caso 3: Jurema é viúva de dois maridos. No momento vive com Tibúrcio. Os dois se amam muito e pretendem contrair núpcias na Igreja. Porém, quando foi abordada sobre o casamento religioso com efeito civil, não aceitou, porque se ela se casasse no civil perderia a pensão de um de seus *ex*-maridos. Então, como proceder?

Resposta: Em virtude da normativa da Igreja, seriam proibidos os matrimônios que não possam ser reconhecidos ou celebrados civilmente, salvo restando com a licença do ordinário do lugar (cânon 1071, § 1, n. 2). Embora a Igreja não deva ser cúmplice de injustiça contra o direito civil, cada caso deve ser visto e analisado com caridade. Procede-se, pedindo a licença do ordinário (bispo), bem como a sua orientação para uma possível celebração secreta, para que essa senhora não venha a perder a sua pensão.

Caso 4: Mário e Valentina, casados na Igreja, com efeito civil, divorciaram-se há cinco anos por incompatibilidade de caráter. Mário ajuntou-se com Berenice, moça livre de impedimentos. São participantes ativos da comunidade, porém não podem comungar. O que fazer para ajudá-los?

Resposta: A melhor orientação, nesse caso, é que procurem um Tribunal Eclesiástico, para que o primeiro casamento seja declarado nulo. Se a resposta for positiva, então Mário estará livre para o novo matrimônio na Igreja. Caso contrário, apesar de ser difícil, recomenda-se que continuem participando da comunidade, porém não podem comungar enquanto não seja resolvida a sua situação.

Caso 5: Ele casou-se no civil em 1985 e divorciou-se mais tarde. No entanto, receberam depois do casamento civil uma bênção de um sacerdote. Hoje, vive amasiado com outra, que é livre de impedimentos. Gostariam de se casar no religioso, com efeito civil.

Resposta: A bênção que o sacerdote deu ao primeiro matrimônio não é legítima diante da Igreja. Ele, inclusive, poderia ser processado pela autoridade competente da Igreja por esse ato de sua arbitrária iniciativa. O matrimônio é sempre um ato público e deve ser celebrado de acordo com a forma canônica (testemunha qualificada, mais duas testemunhas).

Nesse caso, recomenda-se o seguinte:

1) Questionar a seriedade do novo enlace matrimonial, inclusive com a sua participação na vida da comunidade.

2) Verificar se consta da certidão de batismo dele (batistério). Somente assim haveria a garantia que a referida bênção não tenha sido um verdadeiro casamento na Igreja. Se nada constar no batistério, também não é necessário pedir nenhuma dispensa ou licença do ordinário, porque eles estariam livres para o casamento na Igreja.

3) Solicitar a certidão do divórcio e se tudo estiver regular, proceder ao matrimônio.

Caso 6: Roberto e Cacilda são casados somente no civil há quinze anos. Têm três filhos, todos batizados na Igreja Católica. Preocupados com a catequese dos mesmos, procuram a Igreja para legitimar sua situação. Na hora da entrevista, alegam que não procuraram antes a comunidade, porque tinham vergonha. Questionados sobre o não casamento na Igreja desde o início, respondem que o pároco não permitiu, porque Roberto ainda não era crismado e Cacilda ainda não tinha feito a primeira Eucaristia.

Resposta: O cânon 1065, prescreve o sacramento *se isto for possível fazer sem grave incômodo*. Também *recomenda-se insistentemente aos noivos* que se aproximem dos sacramentos da Penitência e da *santíssima Eucaristia*.

Em ambos os parágrafos, trata-se de uma recomendação, *se isto for possível sem grave incômodo*, e não de uma *obrigação*. Conhecendo a realidade pastoral dos cônjuges, sobretudo na fase final da decisão e preparação ao matrimônio, deduz-se que não se pode obrigá-lo a fazer esses sacramentos, somente em vista do matrimônio. São tantas outras coisas a pensar, além do catecumenato ter um longo tempo de duração. Por outro lado, nem sempre os nossos católicos têm consciência da necessidade dos sacramentos iniciais posteriores ao batismo na Igreja. Vivem eles inseridos num contexto eclesial cercado de outras denominações cristãs, a ponto de não terem claro a sua identidade enquanto católicos.

Portanto, não se trata de condenar ou não o sacerdote que não lhes proporcionou as núpcias na Igreja naquela época. Trata-se, agora, de encontrar uma solução ao caso, considerando o seu interesse em legitimar a vida nova que pretendem para si e seus filhos. Essa solução pode ser expressa em duas hipóteses:

1) Convidar o casal a se inscrever no catecumenato. Depois de bem preparados, proceder aos sacramentos que faltam, juntamente com o casamento na Igreja. A celebração pode ser única.

2) Se não houver nenhum impedimento, após o processo de habilitação matrimonial, proceder ao matrimônio, pedindo que Roberto e Cacilda assinem um termo de responsabilidade, no qual se comprometam em fazer o catecumenato e a celebração dos sacramentos iniciais, mais tarde, com tempo e na continuidade da participação na vida da comunidade.

Caso 7: Marcos e Anita casam-se na Igreja e no civil, em 1963. Na época, Marcos colocou como condição que Anita fosse virgem. No entanto, isso não aconteceu na hora de consumar o matrimônio, porque Anita já era deflorada. Apesar de dilacerado o ideal de Marcos, esse matrimônio, com muitas discussões e brigas, durou três anos. Tiveram duas filhas. A situação tornou-se insuportável e ele pediu a separação conjugal. Naquela época ainda não vigorava a lei do divórcio, que foi promulgada no Brasil em 1970. O desquite teve o seu desfecho, com o divórcio, em 1972. Passados alguns anos, Marcos casou-se somente no civil, com Teresa, porque estava impedido de casar na Igreja devido ao divórcio com Anita. Esse enlace matrimonial durou trinta anos, quando Marcos tornou-se viúvo de Teresa. Começou então o namoro com Joana. Joana era separada, com dois filhos, de uma união irregular. Como proceder, para que Marcos possa constituir novas núpcias com Joana na Igreja?

Resposta: Apesar de Joana ser livre, porque não casou anteriormente nem na Igreja, nem no civil, permanece em vigor o vínculo de Marcos com Anita. Daí, a necessidade de encaminhar o processo de nulidade desse primeiro casamento num Tribunal Eclesiástico, para que Marcos possa se casar livremente com Joana na Igreja.

4. O direito de impugnar o matrimônio

O Livro VII do Código apresenta a matéria relacionada aos Processos e nesse contexto aparece o *direito de impugnar o matrimônio*, Seção II, Parte III, Artigo 2, cânones 1674 a 1675. Nesse contexto, abordaremos brevemente o cânon 1674, com suas consequências práticas, com algumas balizas no itinerário de prestação de serviço em prol dos casamentos fracassados na Igreja.

O cânon 1674 afirma que são hábeis para impugnar o matrimônio os cônjuges e o promotor de justiça, quando a nulidade já foi divulgada e não for possível ou conveniente convalidar-se o matrimônio.

Em primeiro lugar, o direito de impugnar o matrimônio é parte integrante dos próprios *cônjuges*, uma vez que são eles os ministros desse sacramento na Igreja. O direito é amplo, sendo que o Supremo legislador não colocou nesse cânon nenhuma limitação. Assim, não aparece a limitação de quem esteja excomungado; de quem esteja numa união irregular (concubinato). Também não estão isentos desse direito os cristãos acatólicos que porventura tenham fracassado num matrimônio contraído com uma parte católica (mista religião), nem tampouco os cônjuges que se casaram com a dispensa do impedimento de idade (cânon 1083). Portanto, o *ius impugnandi* não encontra limites nesse direito.

Em segundo lugar, aparece o *promotor de justiça*. O promotor de justiça é o ministro do Tribunal Eclesiástico, por ofício, que se encarrega de velar sobre o bem público nas causas contenciosas públicas e nas causas penais (cânon 1430). Porém, somente entra ele em ação, quando a nulidade já foi divulgada, através de uma sentença ou de um decreto da autoridade competente e quando não foi possível convalidar o vínculo matrimonial das partes. Por consequência, o promotor de justiça entra em campo, sobretudo para ajudar as partes nesse direito que lhes é peculiar, sempre em prol do verdadeiro Sacramento do Matrimônio.

A maioria dos cristãos católicos desconhece esse direito de impugnar o seu matrimônio. Falta-lhes uma orientação em prol da acusação dos matrimônios falidos na Igreja. Nesse sentido, no segundo semestre de 2002, o Instituto Teológico Franciscano organizou um seminário sobre nulidade matrimonial, aberto ao público de Petrópolis e região. Alunos da Faculdade de Teologia, advogados, leigos e leigas, interessados no assunto, se debruçaram sobre a dolorosa questão dos matrimônios falidos na Igreja. O Seminário, coordenado pelo autor deste livro, lançou algumas sementes de esperança nessa seara em que vivem muitos fiéis cristãos, casados na Igreja, separados, divorciados, numa nova união. De fato, há uma infinidade de matrimônios falidos desde a sua origem, que foram afundando nas areias movediças de um projeto familiar "que Deus não uniu".

A Igreja, sendo mãe a serviço da misericórdia, coloca os Tribunais Eclesiásticos à disposição desses matrimônios malsucedidos e que, no entanto, a maioria dos fiéis não tem consciência dessa via de saída. Resultou, no final do ano, num anseio de prestar um serviço a esses fiéis cristãos, que são colocados na berlinda da maioria das comunidades. Então surgiu um grupo de apoio, que traçou uma pastoral peculiar para encaminhar esses casos. O grupo se reúne uma vez por mês na Paróquia Santa Clara, Valparaíso, Petrópolis (RJ). Para lá acorrem pessoas de várias paróquias de Petrópolis e de toda a região. A pessoa, ao ser apresentada, narra a sua história ao grupo, ou individualmente a um de seus membros. A história é comentada e ilustrada com explicações a partir do Direito Canônico e da experiência de casos semelhantes, favorecendo assim um clima de partilha e terapia. A pessoa, ao desabafar a sua árdua história, numa fundada esperança de sucesso, demonstra ao grupo a possibilidade ou não de que a sua história vai ser acolhida. Depois de dois encontros, a pessoa é orientada ao encaminhamento de seu caso ao Tribunal, para que seja declarado nulo um matrimônio que na verdade nunca existiu.

Os frutos dessa pastoral já começam a ser colhidos, sobretudo ao perceber no rosto dessas pessoas um ar de alívio e de contentamento, por se sentirem amadas por Deus e acolhidas na Igreja, não obstante tenham traçado para si um projeto de vida a dois em modo irreal e frustrado.

Não devemos esquecer que o matrimônio ratificado e consumado somente pode ser declarado nulo por um *impedimento* (cânon 1083-1094), por *defeito de forma* (cânon 1108-1117) ou pelos *vícios de consentimento* (cânon 1095-1103).

5. O direito matrimonial e os seus impedimentos

Um impedimento torna a pessoa não habilitada para contrair validamente um contrato, neste caso, o matrimônio. No campo matrimonial, os impedimentos tiveram a sua base jurídica sistemática e fundamental no direito romano. São circunstâncias de fato, ou seja, obstáculos que impedem a válida celebração do matrimônio.

De acordo com o artigo 1521, do atual *Código Civil Brasileiro*, não podem casar:

I – os ascendentes com os descendentes, seja de parentesco natural ou civil;

II – os afins em linha reta;

III – o adotante com quem foi cônjuge do adotado e o adotado com quem o foi do adotante;

IV – os irmãos, unilaterais ou bilaterais, e demais colaterais, até o terceiro grau inclusive;

V – o adotado com o filho do adotante;

VI – as pessoas casadas;

VII – o cônjuge sobrevivente com o condenado por homicídio ou tentativa de homicídio contra o seu consorte.

Em relação à idade mínima, o referido Código exige que o homem e a mulher tenham 16 anos para poder casar (art. 1517).

Da parte da Igreja, o atual Código de Direito Canônico apresenta os seguintes impedimentos:

5.1. *Impedimento de idade* (cânon 1083)

O Direito Canônico estipula a idade mínima para contrair núpcias na Igreja, que é de 16 anos de idade para o homem e 14 anos para a mulher. A dispensa é dada pelo bispo. De acordo com as normas da CNBB, não se concede a dispensa para homens menores de 18 anos e mulheres menores de 16 anos completos. No direito civil atual, a maioridade é de 18 anos completos. Considerando que a maioria dos casamentos são feitos com efeito civil, faz-se necessária a assinatura de um dos pais, caso um *partner* não tenha 18 anos completos.

5.2. *Impedimento de impotência* (cânon 1084)

Esse impedimento é um sério problema para muitos nubentes de nossa época. As suas causas podem ser físicas (anatomia, mutilação etc.) ou por distúrbios funcionais (distúrbios psíquicos).

É importante considerar que a impotência seja por ausência de *erectio, penetratio et ejaculatio in vagina*. Não se requer que o sêmen seja verdadeiro. Basta que seja elaborado nos testículos (cf. SAGRADA CONGREGAÇÃO PARA A DOUTRINA DA FÉ. Decreto, 13/05/1977. In: *AAS*, 69 [1977]: 426).

É necessário distinguir bem:

1) Que a impotência seja antecedente e perpétua;

2) Que a impotência seja relativa (não com todos os *partners*).

A *esterilidade* não rende nulo o matrimônio, salvo restando que seja com dolo (cânon 1084, § 3; cânon 1098).

5.3. Impedimento do vínculo (cânon 1085)

O impedimento surge somente de matrimônios válidos na Igreja e de matrimônios que ainda subsistam. Dissolvem-se em caso de *morte do cônjuge* (viuvez) ou *morte presumida do cônjuge*, conforme o cânon 1707. No caso de morte presumida, a declaração é dada pelo bispo diocesano, mediante documentos civis e eclesiásticos autênticos.

Outra possibilidade de dissolução do vínculo é contemplada nos cânones 1141 a 1150, ou seja, pelo fato de serem matrimônios *não consumados* ou pelo *privilégio paulino* (em favor da fé, entre dois não batizados, quando uma parte se converte). A dispensa é dada pelo Romano Pontífice.

O *divórcio* (cf. *Familiaris Consortio*: 84, CHIAPPETTA, vol. II: 310-314) não é motivo de dissolução do vínculo na Igreja. Fica claro que somente entram nessa normativa os casados na Igreja e depois divorciados.

Caso concreto: Eduardo e Mônica apresentam-se na secretaria paroquial para dar os nomes para constituir o matrimônio na Igreja. Depois de uma longa conversa, Eduardo confessa que é casado com Anita, somente no civil, e mais tarde, divorciado. Alega os devidos motivos e pretende contrair novas núpcias. Mostra a certidão da averbação do divórcio e alega não haver mais nenhum vínculo jurídico com Anita. Mônica é livre, com toda a documentação em ordem. Nesse caso, os dois estão aptos ao casamento na Igreja.

5.4. *O impedimento de disparidade de culto* (cânon 1086)

O impedimento origina-se entre uma pessoa batizada na Igreja e outra pessoa não batizada (não batismo ou batismo duvidoso). Ex.: Testemunhas de Jeová, Igreja Brasileira ou outra denominação cristã não reconhecida pela Igreja Católica. De acordo com os cânones 1125 e 1126, à semelhança dos *matrimônios mistos*, somente se concede a dispensa, se a parte não batizada assuma os seguintes compromissos:

1) Que não haja defecção da fé católica;

2) Apresente uma declaração de abandono da outra Igreja;

3) Prometa que educará os filhos/as na fé católica.

Quando se fala em defecção da fé, é necessário observar o seguinte:

1) Que o abandono da fé católica seja mediante uma declaração escrita ou oral. Se for oral, deve ser pública, ou seja, mediante testemunhas, para evitar equívocos.

2) Que seja com apostasia, heresia ou cisma (cânon 751).

3) Que a inscrição em outra comunidade eclesial não cristã ou acatólica seja de fato, não apenas por boatos ou promessas.

4) Que a afiliação a ideologias ou movimentos ateus sejam em aberta oposição à fé católica.

Portanto, não basta haver um comportamento alheio ao religioso ou uma prática cristã em contraste com os princípios da fé e da moral católica para afirmar que tal pessoa esteja no impedimento da disparidade de culto.

Caso concreto: Caio e Ticiana vêm dar os nomes na secretaria paroquial para casar. Na hora da entrevista com o presbítero, constata-se que Ticiana é batizada na Igreja católica brasileira (Nossa Senhora das Neves). Caio não é batizado em nenhuma Igreja. Querem casar na Igreja Católica Romana. Como proceder diante do caso?

Aqui trata-se de um caso que não se encaixa nos moldes legais da Igreja, porque ao menos uma parte deveria ser batizada na católica (cânon 1086). No entanto, depois de um longo questionamento sobre o porquê do matrimônio na católica, o pároco lhes apresentou duas hipóteses:

1) Prepará-los para o batismo na Igreja, através do catecumenato, se não for grave incômodo todo o itinerário e a duração da catequese.

2) Ilustrar o caso e pedir que os dois assinem um termo de responsabilidade, em vista do casamento e da futura preparação aos sacramentos iniciais da Igreja.

Eles preferiram a segunda hipótese. Feito isso, o pároco encaminhou tudo à Cúria diocesana, para haver a dispensa desses impedimentos. Se a resposta fosse positiva, procedia-se ao matrimônio. Recomendou ainda que não marcassem a data do matrimônio, nem fizessem o convite, sem haver a dispensa do bispo. Isso tudo é para evitar desilusões de última hora.

Resposta do bispo: Depois de uma semana, a resposta veio, como negativa, alegando que pelo Direito Canônico ao menos uma parte deveria ser batizada na Igreja, para que o matrimônio seja sacramento. A sugestão do bispo foi a seguinte: se os cônjuges aceitarem, que se casem primeiro no civil e mais tarde na Igreja. Se não houver consenso, nada a fazer, porque a Igreja não se responsabiliza por quem não pertence a ela, pelo vínculo do batismo.

5.5. *Impedimento de ordem sagrada* (cânon 1087)

Esse impedimento surge da promessa do celibato (diáconos, presbíteros e bispos). Ex.: Bispo Melingo. É um impedimento de direito eclesiástico, de competência da Congregação para o Culto Divino e a Disciplina para os sacramentos.

No caso da viuvez de um *diácono permanente*, era-lhe vedado o novo casamento (cf. PAPA PAULO VI. Carta Ap. mot. pr. dat. Ad. pascendum, 15/08/1972. *Enchiridion Vaticanum*, vol. 4: 1.128-1.131). No entanto, considerando que ele não escolhera o celibato e sim o casamento, anterior ao diaconato, atualmente esse impedimento pode ser dispensado para contrair um novo matrimônio (cf. COMMUNICATIONES, 1977, cânon 287. COMMUNICATIONES, 1983, cânon 1040).

5.6. *Impedimento de voto* (cânon 1088)

O impedimento tem a sua origem nos votos professados na vida religiosa consagrada, devidamente reconhecidos pela Igreja. Não entram em questão os votos feitos em foro interno (promessas ou votos feitos diretamente a Deus), nem os votos temporários. Ex.: um religioso de profissão perpétua, egresso de um instituto de vida consagrada, que deseja contrair núpcias na Igreja. Antes de tudo, ele deve pedir a dispensa, porque está vinculado ao impedimento de voto.

A dispensa dos votos perpétuos é concedida pela Sé Apostólica, através da Congregação para os Institutos de Vida Consagrada e Sociedades de Vida Apostólica.

5.7. *Impedimento de rapto* (cânon 1089)

Tal impedimento somente surge no rapto da mulher, salvo restando que não seja viciado de dolo (comum acordo). Ex.: o rapto das Sabinas.

É interessante recordar que não importa se o rapto seja feito pelo futuro cônjuge, ou por uma terceira pessoa. Por outro lado, equipara-se ao rapto a detenção com violência de uma mulher na sua moradia ou trasladada para outro local, realizada com o intuito de matrimônio.

Para que haja impedimento, urge observar o seguinte:

1) Que a pessoa raptada seja precisamente uma mulher;

2) Que o raptor seja um pretendente varão ou outra pessoa ao seu mando;

3) Que o rapto tenha a finalidade matrimonial;

4) Que se empregue a violência, com a força física, ou ameaças, ou enganos;

5) Que a mulher não consinta ao rapto. Um rapto praticado com a sedução da própria mulher, em vista do matrimônio, não constitui matéria suficiente ao impedimento;

6) Que o lugar para onde será conduzida a raptada esteja sob o domínio ou propriedade do raptor.

Esse impedimento, por ser de direito eclesiástico, pode ser dispensado pelo ordinário do lugar (cânon 1078).

5.8. Impedimento de crime (cânon 1090)

O impedimento é causado pelo homicídio do cônjuge, em modo conjuminado, na tentativa de contrair novas núpcias. Pode ser privado ou em consórcio. Não basta a tentativa. O fato deve ser consumado. Isso acontece, por exemplo, com casais que fizeram um seguro familiar. Quando as relações matrimoniais entram em crise, o crime é planejado em vista do seguro a ser recebido e na tentativa de contrair novas núpcias, mais tarde.

A dispensa é reservada à Sé Apostólica (cânon 1078, § 2, 2º).

5.9. Impedimento de consanguinidade (cânon 1091)

Em linha reta, jamais se dispensa desse impedimento. Ex.: matrimônio entre pai e filha; mãe e filho; avô e neta; avó e neto. Em linha colateral, os graus de consanguinidade contam-se a partir do segundo grau, ou seja, a partir do tronco comum (primeiro grau). Exemplos:

- *Segundo grau*: irmão com irmã;
- *Terceiro grau*: tio e sobrinha; tia e sobrinho;
- *Quarto grau*: tio e sobrinha neta; tia e sobrinho neto; primos irmãos.

Exemplo de consanguinidade colateral:

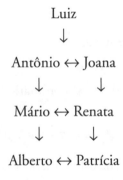

- Entre Antônio e Joana – consanguinidade de *segundo grau*;
- Entre Antônio e Renata – consanguinidade de *terceiro grau*;
- Entre Antônio e Patrícia – consanguinidade de *quarto grau*;
- Entre Mário e Renata – consanguinidade de *quarto grau*;
- Entre Mário e Patrícia – consanguinidade de *quinto grau*;
- Entre Alberto e Patrícia – consanguinidade de *sexto grau*.

Os casos mais frequentes acontecem entre primos irmãos, que desejam contrair núpcias.

O bispo pode dispensar deste impedimento, desde que se certifique que não tenha incompatibilidade de sangue, porque é um impedimento de quarto grau. Se não houver o pedido de dispensa, tal matrimônio pode ser declarado nulo (cânon 1091, § 2). Anterior ao quarto grau, jamais se dispensa.

5.10. Impedimento de afinidade (cânon 1092)

A afinidade surge do vínculo legal, entre o cônjuge e os consanguíneos de outro cônjuge. Tal afinidade origina-se não no sangue, mas no vínculo legal, num matrimônio entre o cônjuge e as pessoas afins do cônjuge defunto. Assim, torna-se impedimento aos matrimônios entre:

1) O sogro e a nora;

2) A nora e o genro;

3) O padrasto e a enteada;

4) A madrasta e o enteado.

A dispensa é concedida pelo ordinário local.

5.11. Impedimento de pública honestidade (cânon 1093)

Esse impedimento subsiste somente em linha reta, proveniente do concubinato público e notório. Torna nulo somente o matrimônio contraído entre os consanguíneos no primeiro grau da linha reta. Ex.: Jaime instaura uma convivência pública (concubinato) com Estefânia. Mais tarde, abandona Estefânia, na tentativa de contrair matrimônio com a sua filha.

A dispensa é concedida pelo ordinário do lugar.

5.12. Impedimento de parentesco legal (cânon 1094)

O impedimento surge do parentesco em linha reta, ou no primeiro grau da linha colateral. Ex.: matrimônio entre pais e filhos/as adotivos/as. Aqui, o Direito Canônico praticamente não se diferencia do Direito Civil Brasileiro, conforme foi acenado no início desse tópico.

A dispensa é dada pelo ordinário do lugar, quando não entra em contradição com o direito civil.

6. O direito ao matrimônio e a forma canônica

O matrimônio desenvolveu-se a partir de um pacto natural entre os cônjuges, destinado à procriação da humanidade. Os costumes e tradições locais, bem como a evolução do direito romano e do confronto com a Igreja Ortodoxa permitiam a separação dos cônjuges por motivo de adultério. O divórcio era, muitas vezes, lícito e não excluía os cônjuges da Eucaristia em modo permanente. Em muitos casos, era permitido repudiar a própria mulher adúltera ou o próprio marido adúltero, para poder comungar na Igreja. Se não o fizesse, não era aceito na Eucaristia. Essas pessoas podiam aceder a novas núpcias, após um tempo de penitência e reconciliação. Por consequência, podiam participar da comunhão eucarística, sem serem tachados pela comunidade de pecadores ou de indignos.

A Igreja latina, por sua vez, sempre se interessou em proteger o matrimônio de seus membros, primando pela indissolubilidade do mesmo. Porém, esse pacto natural nem sempre esteve sob a sua jurisdição. Normalmente, a Igreja foi, aos poucos, aceitando que esse "contrato" pudesse ser respeitado pelos contraentes, de acordo com a legislação civil. No alvorecer do *direito romano*, a Igreja incorporou as leis civis em matéria matrimonial, desde que não fossem em contraste com o direito divino (cf. Carta de Diagoneto [séc. II], Apologia de Atenágoras [ano 177] e Apologético de Tertuliano [ano 197]). Conforme atesta a tradição, a Igreja recomendava que o casamento fosse celebrado na presença de um ministro sagrado. Porém, bastava que a celebração fosse realizada perto da Igreja, onde a Igreja pudesse ser avistada. Mais tarde, essa praxe passou a ser efetivada na porta de uma Igreja.

Com a *controvérsia protestante* (séc. XVI), a Igreja, tendo como escopo proteger seus fiéis dos matrimônios clandestinos, obrigou a *forma canônica* do matrimônio em alguns lugares, onde essa não fosse em contraste com a legislação civil. A forma consistia na celebração feita diante do pároco, ou um sacerdote, ou diácono delegados por ele e na presença de duas testemunhas (*Decreto Tametzi*). Essa forma somente passou à sua obrigatoriedade em toda a Igreja, em 1907, com o Decreto *Ne temere*.

Em relação ao Código de 1917, a Igreja tinha a competência sobre o matrimônio de todos os *batizados*. No código atual, compete à Igreja somente a matéria matrimonial relativa aos *batizados católicos*, ou que ao menos uma parte contraente seja católica.

Como se percebe, aquele pacto natural das duas partes, que era celebrado em família, foi aos poucos adquirindo uma nova roupagem, tendo em vista a sua maior seriedade e acompanhamento de seus direitos e deveres, legitimados pela Igreja e pelo Estado.

A *forma canônica* prevista no atual Código estabelece que "são válidos os matrimônios contraídos perante o ordinário local ou o pároco, ou um sacerdote ou diácono delegado por qualquer um dos dois como assistente, e além disso perante duas testemunhas" (cânon 1108, § 1).

Os *ministros* do matrimônio são os próprios cônjuges (cânon 1055, § 1). Porém, para haver o respaldo jurídico e sacramental, segundo o cânon 1108, a Igreja exige que o matrimônio seja celebrado diante de uma testemunha qualificada e na presença de duas testemunhas. A testemunha qualificada poder ser: o bispo, o pároco, um sacerdote, um diácono, uma leiga ou um leigo.

Contudo, existem as diferentes hipóteses de matrimônios, com as devidas competências:

1º) O matrimônio de duas pessoas não batizadas: competência do Estado, sobretudo se contraírem o matrimônio somente no civil.

2º) O matrimônio de duas pessoas batizadas numa Igreja não--católica: competência da devida Igreja.

3º) O matrimônio de duas pessoas batizadas na Igreja Católica: competência da Igreja Católica, salvo restando a competência do Estado a respeito dos efeitos meramente civis.

4º) O matrimônio de duas pessoas batizadas, no qual somente uma seja católica (mista religião ou por disparidade de culto): competência da Igreja Católica.

Por isso, a Igreja tem responsabilidade de tutelar somente os matrimônios citados nos itens terceiro e quarto, enquanto sacramentos.

7. O direito ao matrimônio e os vícios de consentimento

A normativa canônica do atual Código reza que "o consentimento matrimonial é o ato da vontade pelo qual um homem e uma mulher, por aliança irrevogável, se entregam e se recebem mutuamente para constituir o matrimônio" (cânon 1057, § 2). Segundo essa norma, o matrimônio não é um mero contrato, que possa ser dissolvido entre as partes a qualquer momento, mas um pacto, que exige dos cônjuges uma decisão séria e sadia, isto é, que não seja viciada.

Assim, o Código elenca alguns vícios de consentimento, que dependendo do caso podem dissolver o matrimônio:

7.1. Falta do suficiente uso da razão (cânon 1095, 1º)

O uso da razão acontece na Igreja, quando a pessoa completa sete anos de idade (cânon 97, § 2). Essa exigência pertence, por si mesma, à esfera psíquica e à esfera cognitiva, para que a pessoa seja capaz de decidir de modo voluntário, responsável e livre. Uma pessoa que não tem a capacidade de julgar não pode cumprir um ato jurídico, salvo restando com o auxílio de um curador. Nesse caso, rende inválido o ato por si mesmo, porque cometido por pessoa incapaz. No contrato matrimonial, essa pessoa não seria capaz de compreender as propriedades e finalidades essenciais do matrimônio. Aqui não entram as doenças psíquicas (patologias), mas outros distúrbios, que poderiam render inválido o ato em si. Podem ser *permanentes* (idiotas, alienados, dementes) ou *temporários* (distúrbios provocados ocasionalmente, tais como: delírio febril, excesso de cólera, crise epiléptica, hipnoses, sonambulismo, embriaguez, droga, uso de remédios). Todas as hipóteses são relevantes, somente se existentes no ato do matrimônio.

7.2. Falta de discrição de juízo (cânon 1095, 2º)

Para contrair núpcias não basta o suficiente uso da razão. É necessário que a pessoa apresente uma adequada maturidade psicológica. As pessoas afetadas pela falta de liberdade interna não seriam capazes de contrair o matrimônio, porque não estariam em condições de julgar os direitos e deveres provenientes do mesmo.

7.3. Incapacidade por anomalias psíquicas (cânon 1095, 3º)

São certas anomalias que alteram o equilíbrio das pessoas. Ex.: ninfomania, sadismo, masoquismo, psicose, alcoolismo crônico, homossexualidade. Essas *anomalias* rendem a pessoa incapaz de assumir as obrigações essenciais e próprias do matrimônio.

O problema surge em confronto à necessidade de comprovar tais anomalias. Amiúde, essas anomalias podem ser julgadas somente por peritos. Nesse caso, o juiz eclesiástico, diante de uma causa de nulidade, pronuncia um juízo sobre a mesma, alegando-a perpétua ou sanável. Se é possível um tratamento adequado, a anomalia não prejudica a vivência conjugal, permanecendo, todavia, válido o matrimônio.

A *incompatibilidade de caráter*, apesar de ser muito divulgada na jurisprudência civil de muitos países, tendo em vista a separação pessoal e o divórcio, não é aceita nos tribunais eclesiásticos. Apesar da dificuldade que essa provoca na vida matrimonial, sempre depende de caso por caso, sobretudo verificando se a incompatibilidade é morbosa (que gera doença insalubre na pessoa). Neste caso, pode render inválido o matrimônio, após madura e sensata avaliação de um perito na área.

7.4. *Por ignorância* (cânon 1096)

A ignorância é a carência do mínimo conhecimento a respeito de um determinado ato jurídico. Na constituição da vida a dois é incapaz de contrair matrimônio quem ignora que esse contrato seja um consórcio para toda a vida. Portanto, na hora de contrair o matrimônio, os cônjuges não podem ignorar:

1) Que o matrimônio seja um consórcio para toda a vida.

2) Que o matrimônio seja uma comunidade heterossexual entre duas pessoas, ou seja, entre um homem e uma mulher.

3) Que o matrimônio é um consórcio permanente, perpétuo e indissolúvel, excluindo-se, assim, uniões de caráter ocasional ou transitório.

4) Que o matrimônio seja ordenado à procriação da prole, através dos órgãos genitais, à diferença de uma simples união de amizade entre duas pessoas.

A ignorância não se presume depois da puberdade, sobretudo na idade canônica para contrair núpcias, salvo restando se a pessoa não era hábil para tal ato jurídico.

7.5. Por erro de pessoa e de qualidade de pessoa (cânon 1097)

O erro de pessoa, em si mesmo, torna inválido o matrimônio. Porém, se o erro for sobre uma qualidade da pessoa, esse não é motivo de nulidade, salvo restando que esse erro possa prejudicar uma das finalidades ou propriedades essenciais do matrimônio.

O *erro de fato* é relacionado a um conhecimento inexato, a um falso juízo sobre a pessoa (identidade da mesma). Ex.: o engano cometido por Jacó, com a filha de Labão, quando Lia foi substituída por Raquel (Gn 29,16-25). Pode também ser um erro sobre as qualidades da pessoa (qualidades físicas, morais, sociais etc.). Ex.: Caio se casa com Valentina, pensando que ela seja virgem e descobre o contrário. Nesse caso, seria nulo o seu matrimônio? Depende. Se Caio soubesse e colocasse claramente esse pré-requisito anterior às núpcias, então teria ele o direito à nulidade. Caso contrário, permanece válido o matrimônio.

O consentimento matrimonial pressupõe a vontade, que deve ser deliberada. Significa que a vontade é livre, com a ausência de coação (psicológica, política, religiosa...). É a capacidade de fazer ou não fazer tal coisa, como resultado de um ato humano. No ato livre, segundo Santo Tomás, tem-se como base três estágios, ou seja: 1) Deliberação; 2) Juízo; 3) Eleição. Desse modo a avaliação positiva não induz *ipso facto* ao juízo prático. É necessário que haja, em concreto, uma eleição por parte da vontade. Ex.: Escolhi essa mulher (concreta). Por isso, decido por ela.

Outro aspecto a considerar baseia-se nos condicionamentos do agir humano. O ser humano é livre, porém depende de seus próprios condicionamentos. Ex.: paixão, sociedade, mundo. Os impulsos internos estão na origem do seu agir, influenciando assim as suas decisões. O verdadeiro problema é saber se no ser humano resta a capacidade de agir e avaliar livremente, independentemente de seus condicionamentos. O livre-arbítrio faz parte do ser humano. Porém, é atingido pelas influências do momento, causando, no fundo, uma vontade verdadeiramente não deliberada. Portanto, é necessário levar em conta o juízo manifestado, que na maioria das vezes parte de uma vontade induzida, àquilo que não corresponde ao verdadeiro intelecto (intenção primária).

No direito, em geral, o erro vicia o negócio jurídico. O ato praticado por ignorância ou erro é nulo. Caso contrário, é válido. Praticado com erro, torna írrito o ato humano.

Em relação à qualidade de pessoa, para que seja direta e principalmente visada (cânon 1097, § 2), esta deve ser parte integrante do consentimento, como elemento que o caracteriza. Por outro lado, prepondera-se o conceito de qualidade. A jurisprudência comprova que esse elemento acidental não influencia o consentimento. Desse modo, o consentimento não é manifestado sobre as qualidades, mas sobre a pessoa que as integra.

Houve uma evolução interpretativa nesse capítulo de nulidade, sobretudo com a famosa jurisprudência *coram Canals* (21/04/1970), onde se passou a interpretar não somente o conceito de pessoa física, mas também as qualidades existenciais, psicológicas, morais, jurídicas e sociais da personalidade que se visa no matrimônio. Porém, ao aplicar o direito ao fato, é necessário verificar se a pessoa que escolheu tal *partner* para instaurar a vida a dois em modo permanente não estava viciada por uma vontade não deliberada no momento das núpcias. Caso se constate isso, em base aos possíveis vícios do consentimento, não se pode aplicar essa jurisprudência em seu matrimônio, porque uma vontade não deliberada, não pode ao mesmo tempo detectar qualidades diretamente visadas no outro nubente.

7.6. Por erro doloso (cânon 1098)

O *erro doloso* é determinado pelo engano, apresentado pelo *partner* ou por outra pessoa, na finalidade específica de render nulo aquele matrimônio. Aqui poderiam servir de exemplo a esterilidade (cânon 1084, § 3), uma grave doença contagiosa e incurável, graves antecedentes criminais. De qualquer modo, vai depender sempre da intensidade do dolo, a ser analisada pelos juízes de um Tribunal Eclesiástico.

7.7. Por erro sobre as propriedades essenciais (cânon 1099)

O presente cânon aborda o *erro de direito*. Esse erro acontece quando a pessoa ignora a unidade, a indissolubilidade ou ainda a sacramentalidade do matrimônio. As propriedades essenciais do matrimônio são a unidade e a indissolubilidade (cânon 1056). A *unidade* é em relação à exclusividade. Exclui-se, por consequência, a poligamia (várias mulheres para um homem) e a poliandria (vários homens para uma mulher). A *indissolubilidade* é em relação ao contrato, que vale para toda a vida (*consortio totius vitae*). Nem o papa pode dissolvê-lo, salvo restando os casos em que não houve matrimônio, quando se declara nulo algo que não existiu, ou matrimônios ratificados e não consumados. Porém, esse erro somente vicia o consentimento, se é determinado pela vontade.

É importante lembrar que esse tipo de erro procede da falta de conhecimento por parte da inteligência. Somente rende inválido o matrimônio se esse conhecimento for viciado pela vontade deliberada. Ex.: José casa-se com Maria, sabendo que o matrimônio é indissolúvel na Igreja. A sua vontade naquele momento já é direcionada à separação e ao divórcio. Nesse caso, o seu casamento é um mero teatro, para satisfazer o *status* de um ato social na Igreja.

7.8. *Por simulação* (cânon 1101)

De acordo com o cânon 1056, as *finalidades essenciais*, de acordo com o cânon 1055, § 1, são:

1) *Bonum prolis* (o bem da prole): destinado à geração e à educação da prole.

2) *Bonum fidei* (o bem dos cônjuges): destinado à fidelidade matrimonial, para que instaurem uma comunidade à vivência da fé em família.

3) *Bonum sacramenti* (o bem do sacramento): foi elevado por Cristo à dignidade de sacramento.

A simulação de consentimento é um ato deliberado da vontade, quando o consentimento é feito com fingimento, ou seja, quando a vontade interior da pessoa não corresponde às palavras pronunciadas por ela. Nesse caso, o consentimento é viciado e rende inválido o matrimônio. Juridicamente, se presume que as palavras pronunciadas sejam em conformidade com a vontade deliberada da pessoa. Por isso, toda e qualquer deformação deve ser provada. Até que não apareçam provas em contrário, o matrimônio goza do seu direito em si mesmo (*favor iuris*). Papel importante nesse tocante exercem as testemunhas, com o seu parecer a favor ou contra a nulidade de tal matrimônio.

A simulação pode ser *parcial* ou *total*. É *parcial*, quando uma pessoa deseja contrair o matrimônio segundo o seu livre-modo de pensar e não segundo as exigências teológico-jurídicas do matrimônio em si mesmo. Pode ser de uma parte ou das duas, combinados previamente. É *total*, quando a vontade deliberada da pessoa não pretende contrair o matrimônio com nenhuma pessoa, com uma determinada pessoa ou quando não pretende contrair um matrimônio que seja para toda a vida. Nesse caso, a sua verdadeira intenção era uma simples *união de fato*, ou uma mera *convivência de amizade*, ou um matrimônio *temporário*, ou um matrimônio que tende por si mesmo *ao divórcio*, ou um matrimônio *ad experimentum* (para fazer uma experiência...).

7.9. *Sob condição* (cânon 1102)

A condição tem um duplo significado:

1º) A *condição legal*, que é estabelecida pela lei, quando compreende os requisitos pelo direito, para que haja a validade e a eficácia de um ato ou negócio jurídico.

2º) A *condição de fato*, que depende da vontade, quando é colocada num ato ou negócio jurídico por uma ou por ambas as partes. Consiste numa circunstância externa, da qual depende a validade ou não do ato ou negócio, por si mesmo. Sendo livre, essa condição não pode ser vetada por nenhuma autoridade externa, uma vez que renderia o ato nulo por si mesmo.

Em relação aos efeitos, tal condição pode ser:

1º) *Suspensiva*: se na prática depende do surgimento efetivo do negócio jurídico. Ex.: somente assumo o noivado contigo, se houver o consenso dos teus pais.

2º) *Resolutiva*: se o negócio colocado em ação possa perder a sua eficácia ou nulidade, dependendo de tal condição. Ex.: assumo o noivado contigo, porém, se os teus pais não derem o seu consenso, tal noivado será dissolvido.

As condições podem referir-se ao passado, presente ou futuro:

1º) *Condição de passado*: quando a pessoa expressa publicamente essa condição. Ex.: Pretendo casar-me contigo, se não estiveste na prisão.

2º) *Condição de presente*: quando essa condição é manifestada no momento, prestes a acontecer o consentimento. Ex.: Pretendo casar-me contigo, se realmente tu és virgem.

3º) *Condição de futuro*: quando tal condição dependa da sua efetiva realização num ato ou negócio vindouro. Ex.: Pretendo casar-me contigo, se durante esse ano tu conseguires o que o teu tio te prometeu.

É importante relevar que na primeira e na segunda condição o matrimônio é válido ou não, dependendo do ato celebrativo. É válido, se realmente a condição manifestada foi cumprida; é inválido, se tal condição não se realizou. Na terceira condição, porém, o valor do consentimento será suspenso, se no final do prazo estabelecido as cláusulas colocadas não forem cumpridas.

Não se pode contrair o matrimônio sob condição de futuro, ou seja, "se der certo a gente continua". As condições são colocadas por uma ou por ambas as partes, condicionadas pelas circunstâncias, que viciam o ato jurídico em si mesmo. Ex.: João casa-se com Alice, alegando-lhe que deixará de tomar drogas somente depois do casamento. Outro exemplo: caso contigo na condição de teus pais consentirem de a gente não ter nenhum filho.

Seria possível ainda levantar a hipótese da denominada *condição potestativa de futuro*, ou seja, se a vontade do contraente foi explicitamente manifestada em vista do futuro de sua efetivação. Ex.: caso contigo, se tu te convertes ao catolicismo, ou me caso contigo se tu me deixas educar os filhos na fé católica. Porém, tal condição, no fundo, se manifesta no presente, tendo em vista a sua futura realização, com a manifestada promessa de que isso seja cumprido, anterior ao consentimento. Se tal promessa é cumprida com sinceridade, o matrimônio é válido. Se for feita com má-fé, o matrimônio pode ser declarado nulo.

Em todo caso, se tal matrimônio for celebrado sob *condição potestativa de futuro*, somente será possível, se houver a licença por escrito do ordinário local (cânon 1103, § 3).

7.10. Por violência ou medo grave (cânon 1103)

A violência, sendo causa externa, é maior do que outros vícios de consentimento. Já o medo é menor, porque atenua o ato voluntário, embora seja um elemento que também vicia o consentimento, em grau menor.

Tanto a violência quanto o medo passaram a fazer parte dos impedimentos matrimoniais no século III. No direito romano, o matrimônio contraído por violência era nulo pela sua própria natureza. As primeiras causas que declaram o matrimônio nulo por medo são do tempo do Papa Urbano II (1088-1099). Foram, mais tarde, incorporadas no Código de 1917 entre os vícios de consentimento do matrimônio.

É importante distinguir as seguintes condições relacionadas ao medo:

1) Que o medo seja *grave*, no sentido absoluto ou relativo, relacionado a uma determinada pessoa, relativo a suas condições psíquicas ou circunstâncias concretas, sobretudo em relação à gravidade da ameaça.

2) Que o medo seja oriundo de uma causa *externa*, ou seja, provocado pelo *partner* ou por outra pessoa envolvida no caso.

3) Que os *prejuízos* causados pelo medo não tenham tido outra alternativa. Entre o medo e o matrimônio deve haver uma causalidade. Caso contrário, não rende nulo o matrimônio.

Deve-se examinar ainda se houve seriedade no medo causador e se a pessoa poderia ter se livrado de tal temor, em outro modo. Podem entrar nesse contexto as ameaças, por parte do sujeito ativo do temor, como penalidade, caso não for cumprida a exigência provocada. Exemplos: ameaças de lesões físicas, ameaças de expulsão do lar, ameaças de não pagamento de mesadas ou contas aos encargos da vítima do medo. Em todo caso, é necessário verificar sempre a intensidade do temor intimidatório e se não há outra via, a não ser livrar-se do mesmo, escapando de suas consequências. Contudo, urge temporizar uma possível saída. A melhor saída, na maioria das vezes, é a vida a dois em outro lar, ausente das garras do elemento intimidatório através do matrimônio. O problema pode perdurar quando o elemento passivo do temor não encontra o lar desejado, porque lhe faltam as condições psicológicas que possam compensar a falta de liberdade anterior, tais como a harmonia no lar, para que tal enlace possa contribuir para uma vida realizada, de amor e doação recíproca. Esse elemento pode ser prejudicado por outras causas, que muitas vezes estão em íntima conexão, como é o caso da incapacidade psíquica para assumir as obrigações essenciais do matrimônio (cânon 1095, 3º).

8. O direito ao matrimônio e a sanação do consentimento natural

8.1. Caso concreto

Dona Maria casou-se no civil com um rapaz de outra igreja cristã. Ela desejava e deseja ardentemente o casamento na Igreja, porém o esposo não aceita se submeter a esse enlace religioso. Ela está meio angustiada, pois é membro atuante na sua comunidade e sente-se incomodada com tal situação. Casou-se no civil sem nenhum impedimento e, ela mesma diz, segundo o que aprendeu dos pais. Está participando normalmente da comunidade. Ela pergunta se pode continuar atuando na mesma comunidade e, mais, se poderia participar da mesa da comunhão. Por outro lado, há indícios de que a sua situação está incomodando alguns membros da comunidade que não veem com bons olhos a situação de seu casamento apenas no civil.

8.2. Apresentação

O presente caso expressa o drama de muitos fiéis cristãos, católicos, que aspiram poder comungar na Igreja, mas não têm conhecimento de que isso seria possível ou passível de solução.

O Código de Direito Canônico termina o ordenamento de suas normas com um princípio que jamais poderá ser esquecido, ou seja, *a lei suprema da Igreja é a salvação das almas* (cânon 1752). Parto desse princípio em busca da defesa dos que não têm acesso ao direito comum da Igreja, como bandeira que levanto em prol dos excluídos, em nome da misericórdia de Deus. Aproveito do expediente para fornecer algumas alavancas, como prestação de serviço, no esclarecimento desse e dos tantos casos que se nos apresentam no cotidiano na prática pastoral.

8.3. Alavancas esclarecedoras

No direito matrimonial, o caso acima mencionado configura-se na "sanação radical" (*sanatio in radice*), que é ordenada nos cânones 1161 a 1165, conforme a abordagem que segue:

1) A sanação radical é um recurso do direito, usado sobretudo para sanar ou remediar um matrimônio nulo, sem a necessária renovação do consentimento pelos contraentes. A sanação traz no bojo a dispensa de um impedimento, se houver, ou a dispensa da forma canônica (cânon 1161, § 1). É uma graça concedida pela autoridade competente da Igreja, que convalida o matrimônio desde a sua origem (cânon 1161, § 2). Releva-se que não é a sanação que cria o vínculo matrimonial, mas o consentimento das partes. A sanação é um remédio para melhorar a sequência da vida

matrimonial, de acordo com o consentimento já efetivado pelas partes desde as suas origens. É indispensável, porém, que haja a intenção das partes de perseverar na vida conjugal (1161, § 3). Caso contrário, não se aplica esse recurso, porque a sua eficácia seria falida por si mesma. Ex.: não seria possível legitimar um casamento civil que se encontra em vias de separação ou de divórcio, mesmo que seja solicitada a sua sanação radical.

2) A sanação, segundo atesta a história da Igreja, foi um recurso usado até em situações gerais pela Igreja, para remediar muitos casos de matrimônios nulos desde a sua origem: 1º) A sanação concedida por Júlio III na Inglaterra em 1554, para facilitar o retorno dos casados à Igreja Católica; 2º) A sanação concedida por Clemente VIII em 1595, para os matrimônios dos gregos, contraídos com o impedimento da consanguinidade de quarto grau; 3º) A sanação concedida por Pio VII em 1809, para os matrimônios civis contraídos durante a Revolução Francesa; 4º) A sanação concedida por Pio X, declarando válidos os matrimônios contraídos na Alemanha até abril de 1906.

3) Deste modo, a sanação aplica-se aos casos de matrimônios que têm um defeito na raiz de sua origem. Os defeitos mais comuns são: 1º) Um impedimento dirimente. Ex.: matrimônio entre consanguíneos; 2º) Um matrimônio realizado com defeito de forma. Ex.: matrimônio assistido pelo ministro ordenado ou pela testemunha qualificada, sem a delegação do pároco; 3º) Um vício inicial de consentimento. Ex.: incapacidade psíquica de uma das partes, porém sanada posteriormente; 4º) Um casamento celebrado somente no civil; 5º) Quando uma das partes se nega ao matrimônio na Igreja; 6º) Quando já houve a celebração religiosa em outra denominação cristã (mista religião). Ex.: matrimônio de uma parte católica com outra da Assembleia de Deus.

4) Os efeitos da sanação não acontecem a partir do momento em que a mesma é concedida, mas a partir do consentimento

natural, dado pelas partes. Ex.: se o casamento civil entre A e B aconteceu em 1990 e a sanação foi solicitada em 2003, tal matrimônio com esse recurso torna-se válido naquele ano e não na atualidade. Portanto, os efeitos da sanação são retroativos à data do consentimento proferido pelas partes, desde que o mesmo perdure (cânon 1161, § 3).

5) Em se tratando de casamentos celebrados apenas diante do Estado (civis), a Igreja não os reconhece como válidos. Para tanto, é necessário que essa celebração aconteça também na Igreja, segundo a forma canônica (cânon 1108).

Muita gente se ilude, pensando que contrair núpcias na Igreja custa muito. O que custa não é a celebração em si, mas as flores, as roupas, os calçados, a maquiagem, as fotos, a filmagem e a festa que se dá aos convidados. Para que haja o Sacramento do Matrimônio na Igreja, basta que o enlace seja feito diante do ministro ordenado (ou testemunha qualificada) e duas testemunhas. Porém, quando uma das partes não concorda, por um justo motivo e com a fundada esperança que perdure o consentimento, a parte que deseja o matrimônio na Igreja pode solicitar a sanação em raiz, mesmo sendo contrária ao seu *partner* (cânon 1164). É o caso, por exemplo, de uma parte casada no civil e que não concorda em contrair núpcias na Igreja, sobretudo porque não acredita que a graça sacramental possa acrescentar algo a uma instituição natural, já legitimada pelo Estado. Esses casos devem ser avaliados com prudência pela autoridade competente. É preciso que se pondere o tempo em que vivem juntos, se há qualquer esperança de que as propriedades e finalidades essenciais do matrimônio possam ser vislumbradas nesse casal.

6) Seria possível a sanação na raiz para as uniões de fato (entre o homem e a mulher), que se assemelham em tudo ao casamento?

Alguns canonistas sustentam que mesmo nesses casos é possível tal recurso, desde que os cônjuges demonstrem uma sincera vontade de viver em modo estável como marido e mulher (cf. CHIAPPETTA, vol. II: 428).

A Constituição brasileira reconhece "a união estável entre o homem e a mulher como entidade familiar". Porém, para ser reconhecida como família, essa união deve ser convertida em casamento (Art. 226, § 3). Para haver a conversão, é preciso que haja o casamento civil, ou o casamento religioso com efeito civil nos termos da lei (cf. Art. 226, § 1-2). É praxe haver o confronto pastoral com uniões de fato, que provocam expectativa de direito, com o passar dos anos, sendo mais tarde convertidos em casamentos diante do Estado. Porém, sou do parecer que não é prudente a Igreja conceder a sanação de tais casos, salvo restando depois de comprovado tempo de união estável, com fundada perseverança do consentimento natural proferido pelas partes.

7) A solicitação da sanação pode ser feita diretamente pelas partes interessadas ou por intermédio de outra pessoa. Podem conceder o decreto da sanação a Sé Apostólica ou o bispo diocesano (cânon 1165). Os casos mais comuns são concedidos pelo bispo diocesano, desde que não haja um impedimento reservado à Sé Apostólica.

8.4. Procedimentos práticos

A pessoa interessada em conseguir a graça da sanação em raiz deve percorrer os seguintes passos:

1º) Procurar o pároco ou o seu assistente espiritual e narrar a sua história, em que manifeste os motivos da sanação.

2º) O instrutor do pedido deve elaborar um breve histórico, constando os nomes dos cônjuges, o local e data de nascimento, a data do batismo de ao menos uma parte na Igreja, a data do casamento civil, os motivos que norteiam a solicitação e emitir um parecer pessoal sobre a perseverança do consentimento natural das partes.

3º) Se uma das partes não concordar no pedido na sanação, agir com prudência, porque pode estar comprometendo a seriedade de tal solicitação e de seus efeitos. Seria ideal consultar a outra parte, para comprovar que isso não será motivo de desavença dos cônjuges.

4º) Anexar ao pedido o batistério recente das partes (ao menos da parte católica).

5º) Se o bispo desejar, que sejam ouvidas uma ou duas testemunhas, a respeito da perseverança do consentimento das partes.

O decreto da sanação é comunicado à paróquia onde as partes foram batizadas, para ser transcrito no livro de batismos. Os efeitos da sanação são os mesmos do matrimônio na Igreja. Isso significa que ambos os cônjuges estão livres para comungar na Igreja e fazer de tudo para que o seu lar continue sendo uma Igreja doméstica, no cultivo dos valores essenciais da vida a dois e na educação dos frutos oriundos de tal consentimento sanado em sua raiz.

Sendo assim, a sanação de um consentimento natural válido seria um remédio pastoral para a maioria das uniões irregulares de cristãos católicos do Povo de Deus.

9. O direito ao matrimônio e os Tribunais Eclesiásticos

Os tribunais, no direito civil, são procurados, cada vez que uma pessoa se sente lesada em seus direitos pessoais, familiares, trabalhistas etc. Assim como existem os tribunais civis, existem também desde o início de sua história, ligados a cada diocese da Igreja, os *Tribunais Eclesiásticos*. Esses tribunais ocupam-se em dirimir casos que envolvem a lesão dos direitos e deveres de todos os fiéis cristãos, seja na dimensão pessoal, seja na dimensão comunitária, como é o caso do matrimônio. O matrimônio é uma comunidade de vida, no contexto da grande comunidade, que é a Igreja.

É comum a gente ouvir a pergunta: Frei, não dá para *anular* o meu casamento?

A nossa resposta é sempre a mesma: – Não, não dá para *anular*. O que a gente pode fazer é *declará-lo nulo*. Anular "significa fazer com que aquilo que tinha existência legítima deixe de existir". Por outro lado, *declarar nulo* "é o ato mediante o qual a autoridade competente faz uma declaração afirmando que um ato jurídico *nunca* teve valor, apesar de suas aparências" (HORTAL, *Casamentos*, 1987: 9).

Aqui, volta a velha questão: "Aquilo que Deus uniu o ser humano não separe".

Mas será que Deus *realmente* uniu? Se foi um consentimento viciado, como vimos acima, já é motivo, depois de bem orientada a causa, para *declará-lo nulo*. Portanto, a Igreja não *anula*, mas *declara nulo*.

Outras questões que sempre são colocadas: Frei, demora muito? E quanto custa esse processo?

Quanto à demora, depende sempre do pessoal disponível nos tribunais, bem como da quantidade de processos para julgar. Aliás, o julgamento dos processos se dá sempre por três juízes, devidamente qualificados. Depois de julgado em primeira instância, ele deve, necessariamente, ser julgado também em segunda instância, para dar maior garantia de justiça. Na região do Rio de Janeiro, por exemplo, o tribunal de primeira instância funciona na cidade do Rio; o segundo, na cidade de São Paulo. O Tribunal do Rio, por sua vez, também é Tribunal de segunda instância de Campinas. No caso de as duas sentenças não estarem de acordo, pode-se recorrer à terceira instância, que é o Tribunal da Rota Romana.

Quanto ao preço, como em qualquer processo, tudo custa, desde as coisas burocráticas, despesas de correspondência, advogados, defensor do vínculo, juízes. Por isso, cada tribunal apresenta as suas taxas pelos serviços prestados. Se a pessoa tem dificuldade para pagar os devidos honorários, negocia-se, parcela-se, de acordo com as suas condições financeiras. Conhecemos pessoas que parcelam as taxas e honorários do Tribunal em até 15 meses, numa cifra que lhe seja favorável. Não é por falta de recursos que ela vai deixar de pedir a nulidade, porque é um direito de todo o batizado, inclusive, de haver o gratuito patrocínio em sua requisição de justiça (cânon 1649).

Os motivos apresentados nas causas de nulidade matrimonial são os mais variados. Em especial, destacam-se alguns vícios de consentimento que tendem à falência do matrimônio pela sua própria natureza. Um matrimônio também pode ser declarado nulo por um impedimento ou por defeito de forma, como abordamos anteriormente.

É necessário verificar sempre se o caso tem uma fundada esperança de ser declarado nulo. Para tanto, há um roteiro básico de questões, que devem ser respondidas pela parte demandante (quem solicita a nulidade), após uma conversa com uma pessoa entendida nessa matéria. Esse roteiro encontra-se em anexo, bem como o exemplo de uma sentença de primeira instância. A resposta a esse roteiro é o primeiro passo para uma fundada esperança de que o processo vá adiante no Tribunal Eclesiástico.

Deste modo, a Igreja se coloca como mãe carinhosa a serviço da misericórdia de Cristo, após estudar atentamente o caso apresentado, tendo em mira declarar a nulidade ou não de um casamento celebrado diante de Deus e da comunidade.

ANEXOS

Anexo I
Roteiro para exposição do caso de nulidade matrimonial

O presente roteiro é apresentado no *Tribunal Eclesiástico Regional do Rio de Janeiro*. O roteiro tem a finalidade de oferecer dados concretos para averiguar se há base jurídica para a declaração de nulidade do matrimônio. Para tanto, é preciso descrever com clareza, objetividade e riqueza de detalhes os fatos e atos que envolveram a separação do casal.

Identificação do casal

I – Parte demandante

1) Nome, filiação, localidade e data de nascimento.

2) Grau de instrução. Profissão.

3) Endereço residencial completo (atual) e endereço para a correspondência, se for o caso. Telefone.

4) Qual a sua religião, a pratica? Onde foi batizado? Conhece algum sacerdote?

5) Data completa do matrimônio religioso e do civil. Em que Igreja? Cidade?

6) Como era sua família e o seu relacionamento com ela?

II – Parte demandada

Informe sobre a parte demandada, seguindo a ordem e os dados, conforme os itens de 01 a 06 da parte demandante.

Exposição do caso

I – Preparação para o matrimônio

1) Como, quando e onde conheceu a parte demandada?

2) Como, quando e onde iniciou o namoro? Quanto tempo durou só o namoro? Como foi o tempo de namoro: havia brigas e desentendimentos? Por quê? Houve intimidades? Gravidez? Chegou a desmanchar o namoro, quantas vezes e por quanto tempo? Quem procurava a reconciliação e por quê?

3) Como, quando e onde iniciou o noivado? Quanto tempo durou o noivado? Como foi o tempo de noivado: Havia brigas e desentendimentos? Por quê? Houve intimidade, gravidez, chegou a desmanchar o noivado? Quantas vezes e por quanto tempo? Quem procurava a reconciliação e por quê? Se havia brigas na época do noivado, por que chegaram então ao casamento?

II – Matrimônio

1) Ambos foram livremente para o matrimônio, alguém ou alguma circunstância os obrigou ao matrimônio (Quem? Qual circunstância?).

2) Como foi o dia do matrimônio, tudo correu normal na função religiosa e civil? E na festa que se seguiu? Notou alguma coisa no dia do casamento que levasse a duvidar do feliz êxito do mesmo?

III – Vida matrimonial

1) Houve lua de mel, onde e por quanto tempo? O matrimônio foi consumado? Houve dificuldades?

2) Quando surgiram os primeiros problemas do casal? Eles já existiam anteriormente ao casamento?

3) Relate pormenorizadamente os principais fatos (concretos) que prejudicaram o relacionamento do casal e levaram o casamento a um final indesejável.

4) Algum problema psíquico ou mental prejudicou o relacionamento, esse problema era anterior ao casamento? (relate de forma clara e objetiva os fatos e atos praticados pela parte envolvida).

5) Houve infidelidade conjugal: de quem? Antes, durante ou depois do casamento? (relate fatos concretos).

6) Tiveram filhos/as? Quantos? Se não, por quê? As partes assumiram as suas obrigações de casados com referência ao lar, ao outro cônjuge e aos filhos?

7) Amavam-se de verdade? Com que tipo de amor? Amavam-se com amor marital capaz de fundamentar o matrimônio? Quando descobriram que não havia mais amor entre ambos?

8) Quanto tempo durou a vida conjugal?

IV – Separação

1) De quem foi a iniciativa da separação e qual o verdadeiro motivo da separação?

2) Houve tentativa de reconciliação, de quem, qual o seu resultado?

3) Com quem vivem hoje as partes?

4) Qual o motivo que o/a levou a introduzir este processo no foro eclesiástico?

Anexo II
Sentença de Primeira Instância

Sentença de Primeira Instância, coram Müller, declarando a nulidade matrimonial: *por falta de discrição de juízo por parte do Demandado* (cânon 1095, 2º) e *por incapacidade do Demandado para assumir as obrigações essenciais do matrimônio por causas de natureza psíquica* (cânon 1095, 3º).

Por questão de ética profissional, omitimos os nomes das pessoas envolvidas nesse caso real, bem como os locais dos fatos, substituindo-os por letras.

—

TRIBUNAL ECLESIÁSTICO REGIONAL
DO RIO DE JANEIRO

Nulidade de matrimônio

X.Y. – Y.X.

Prot. 000/02

EM NOME DE DEUS. AMÉM.

Sendo Sumo Pontífice o SANTO PADRE JOÃO PAULO II, gloriosamente reinante, no vigésimo quinto ano de seu Pontificado, aos doze dias de dezembro do ano do Senhor de dois mil e três, pelas dezessete horas, os abaixo assinados Dom João Corso,

S.D.B, Presidente do Turno, Pe. Jesús Hortal Sanchez, Juiz e Fr. Ivo Müller, Juiz e Relator, designamos para o Feito em epígrafe, na causa de declaração de nulidade de matrimônio em que é Demandante a Sra. X.Y., representada por sua advogada e procuradora a Dra. Maria Victoria Farah Montenegro, domiciliada na Arquidiocese do Rio de Janeiro – RJ e Demandado o Sr. Y.X., domiciliado nesta Arquidiocese e sem representação legal; intervindo e arguindo pelo matrimônio o Defensor do Vínculo deste Tribunal e Revmo. Mons. Vital Francisco Brandão Cavalcanti, considerando a competência deste Juízo em razão do cânon 1673, proferimos em grau de jurisdição a seguinte

SENTENÇA

I – O FEITO

1. A Demandante conheceu o Demandado num bar, perto de sua casa. Ela não tinha nenhuma experiência com namoros anteriores. Encantou-se com os olhos do Demandado e ali mesmo começou o seu namoro com ele. Ambos tinham 24 anos de idade. Tudo transcorreu em modo normal, por três anos. O Demandado manifestava já depois de cinco meses de namoro o desejo de contrair núpcias, mas a Demandante relutava em aceitar, porque achava que ambos não estavam preparados para tanto. A Demandante percebia que o Demandado era por demais apegado à sua família, sobretudo à sua mãe. Após três anos de namoro, permaneceram um ano de noivado. Quando tudo estava preparado para o casamento, a Demandante notou que o Demandado fazia de tudo para esconder o ciúme de sua progenitora em relação ao namoro dela com ele. A dependência de sua mãe era por demais acentuada. Mesmo assim, arriscou contrair núpcias com ele, esperando que ele superasse isso na vida a dois.

2. O casamento foi consumado em modo normal. Depois da lua de mel, o Demandado começou a demonstrar atitudes um tanto estranhas. Não fazia nada sem consultar a sogra da Demandante. Tinha que visitá-la todos os dias, numa demonstração prática que não conseguira cortar com ela o seu *cordão umbilical*. A relação dos dois foi aos poucos sendo debilitada, esfriada e prejudicada sobretudo pela relação *simbiótica* do Demandado com sua progenitora. A Demandante foi aos poucos concluindo que havia formado um triângulo não virtuoso entre ela, o Demandado e sua mãe. Ela seria excluída desse triângulo, sendo uma *persona non grata* nessa relação. Entre a sua amada e a progenitora, o Demandado chegou a afirmar: "Entre você e eu, prefiro minha mãe". Depois de quatorze meses de casados, não encontraram outra saída, a não ser a separação. Desse modo, a Demandante apresentou a esse Tribunal o seu libelo, solicitando a nulidade de seu casamento religioso, para poder reconstituir sua vida com Deus.

3. O estabelecimento de dúvidas versou sobre os seguintes capítulos:

1) Por falta de discrição de juízo por parte do Demandado (cânon 1095, 2º).

2) Por incapacidade do Demandado para assumir as obrigações essenciais do matrimônio por causas de natureza psíquica (cânon 1095, 3º) ou, subordinadamente.

3) Por simulação parcial, por exclusão do "bonum sacramenti", *por parte do Demandado* (cânon 1101, § 2; 1056, § 1).

II – O DIREITO

4. *Por falta de discrição de juízo por parte do Demandado* (cânon 1095, 2º):

A pessoa humana, ao assumir um compromisso de tal envergadura, como é o caso do matrimônio, deveria ter presente a sua decisão qualificada e as suas consequências. Nessa perspectiva, entra a necessária discrição de juízo das partes contraentes:

> Por ser el matrimonio *un consorcio de toda la vida*, la persona que lo contrae se compromete prácticamente en todos los planos de su personalidad, de futuro y de forma permanente; por lo que su decisión total y radical, que transforma su vida y compromete su futuro, ha de ser una decisión cualificada. Exige, pues, el matrimonio un grado de conocimiento, de voluntad y libertad superiores a los que se exige para otros actos de la vida humana, es decir, una aptitud psicológica proporcionada a la naturaleza y trascendencia del mismo. Para la existencia de la *discreción de juicio* non basta lo que se llama conocimiento especulativo y teórico de lo que es el matrimonio, sino que se exige lo que se llama *facultad crítica*, aunque tampoco se exige una discreción máxima, es decir, una ponderación de todo el valor ético, religioso, social, jurídico y económico del matrimonio (Alfageme Sánchez, C. Tribunal del Obispado de Zamora, 2 mayo 1996. In: *Decisiones y sentencias de Tribunales Eclesiásticos españoles sobre el cânon 1095, 2º e 3º (II)*. Salamanca, 1999, p. 66).

A discrição do juízo compreende as faculdades intelectivas que possibilitem ao sujeito emitir o seu consentimento. Esse ato, sendo livre e consciente, sobretudo em base à experiência vital, deve levar em conta a natureza do matrimônio e de suas inerentes exigências. Por consequência, não é um juízo abstrato, mas embasado numa situação concreta de sua vida, onde ele possa deliberar, emitir um juízo e, por conseguinte, escolher. Depois de tudo ponderado, se isso for claro e distinto em sua decisão, então poderá assumir o matrimônio com as suas obrigações e finalidades que lhe são inerentes (cf. BURKE, C. Sentença, 07/11/91. In: *SRRD*, vol. LXXXIII, p. 708).

Portanto, não é o grau superior de estudos que a pessoa possui, mas a faculdade crítica que a capacita a emitir um ponderado juízo no momento decisivo do casamento, bem como sobre as futuras consequências do enlace assumido perante Deus e a comunidade.

5. *Por incapacidade do Demandado para assumir as obrigações essenciais do matrimônio por causas de natureza psíquica* (cânon 1095, 3º):

As causas de natureza psíquica são certas anomalias que alteram o equilíbrio das pessoas. Ex.: ninfomania, sadismo, masoquismo, psicose, homossexualidade. Essas anomalias devem ser graves, sendo que as leves anomalias não são suficientes para incapacitar o contraente para assumir as obrigações essenciais do matrimônio. As causas das anomalias estão ligadas, via de regra, aos problemas psíquicos. Rendem a pessoa incapaz de assumir as obrigações essenciais e próprias do matrimônio.

Em relação às provas, a incapacidade psíquica deve ser julgada por pessoas competentes, dignas de credibilidade, demonstrando se tais anomalias são anteriores ou posteriores ao matrimônio. Se são anteriores, renderiam nulo o ato em si no momento de sua celebração. Se são posteriores, contribuem para que tal ato seja declarado nulo. Amiúde, a assessoria de peritos nessas causas muito contribui para um parecer em prol de uma sentença (cânon 1574). De outra parte, se tais perícias não fundamentam devidamente causas das anomalias, em confronto com os fatos, ou não miram o nó essencial da questão, pouco ou quase nada servem para ilustrar a certeza moral dos juízes pelas circunstâncias apresentadas (cânon 1680). A última palavra na sentença cabe ao juiz, que pode concordar ou discordar do perito. Porém, se a perícia não é possível ou carece de fundamentos, a jurisprudência é invocada para iluminar a sentença, se carecem de índole meramente psicopatológica ou de doenças mentais, que dependam sempre de peritos para a avaliação. Desse modo, se pode afirmar que algumas causas de nulidade por incapacidade psíquica podem resultar de uma certeza moral, que:

> no se reducen solamente a las de índole psicopatológica y a las enfermedades mentales, aunque es imprescindible que sean de naturaleza psíquica. Este defecto de capacidad puede comprender ciertas situaciones del psiquismo, de la personalidad y de su desarrollo que, sin merecer diagnóstico psiquiátrico, no obstante afectan al grado de auto posesión psicológica de la propia libertad en el gobierno de uno mismo y de aquellos comportamientos propios esenciales para la recta ordenación de una unión conyugal hacia sus fines, y lesionan la capacidad de superar las dificultades ordinarias y comunes de la vida matrimonial, generando reacciones desequilibradas y anormales que impiden la misma dinámica conyugal, en su dimensión mínima esencial (VILADRICH, P.J. Comentario al canon 1095. In: *Comentario exegético al Código de Derecho Canónico*. Vol. III. Pamplona, 1996, p. 1231).

Se no momento decisivo do intercâmbio do consentimento ao menos uma parte dos contraentes era incapaz de assumir e cumprir as obrigações essenciais do matrimônio, renderá tal ato nulo. E se a pessoa que contrai o vínculo pensa em progredir nas suas capacidades essenciais, na dinâmica do matrimônio *in fieri*, e se não demonstra *in facto*, esse enlace está fadado à ruína da vida a dois. Resulta daí a impossibilidade de instaurar na vida concreta do cotidiano uma comunidade de vida e de amor (GS, 48).

Vista por outro ângulo, a incapacidade psíquica pode afetar o ato matrimonial no momento do consentimento, ou ao menos pode estar latente, destinando-se a prejudicar os cônjuges em seu enlace posterior:

> Esta incapacidad tiene que existir en el momento de la celebración del matrimonio o *in actu* o al menos *in virtute* o, lo que es lo mismo *con toda la potencialidad* suficiente para que, una vez celebrado el matrimonio, se traduzca en una incapacidad *in actu*; no pocas

veces el fracaso de la convivencia conyugal se origina de una personalidad conflictiva que, al celebrarse el matrimonio, estaba *latente*, pero que después de celebrado el matrimonio se hace *patente*; para llegar a la certeza moral de esa incapacidad hay que examinar las manifestaciones que esa supuesta incapacidad tuvo al celebrarse el matrimonio, inmediatamente antes e inmediatamente después de celebrarse el matrimonio; las que se dieron después de pasar mucho tiempo desde la celebración del matrimonio pueden ser equívocas en orden a la demostración de esa incapacidad, porque fácilmente se pueden suponer que son manifestaciones de causas sobrevenidas a esa celebración; pero no hay que descartar la posibilidad de que la incapacidad, que solamente se manifestar años después de celebrarse el matrimonio, provenga de unas deficiencias psíquicas que el contrayente llevó al matrimonio (GARCÍA FAÍLDE, C. Tribunal del la Rota de la Nunciatura Apostólica, 03/02/1996. In: *Decisiones y sentencias de Tribunales Eclesiásticos españoles sobre el cânon 1095, 2º e 3º (II)*. Salamanca, 1999, p. 169-170).

A pessoa humana, ao assumir tal compromisso, deveria ter presente que quem o contrai se compromete praticamente em todos os níveis (planos) de sua personalidade, de futuro e de forma permanente, sendo uma decisão total e radical, que transforma sua vida e compromete seu futuro. As partes contraentes devem demonstrar, na prática, se estavam em condições de distinguir no momento decisivo do casamento sobre as futuras consequências do enlace assumido.

6. *Por simulação parcial, por exclusão do* "bonum sacramenti", *por parte do Demandado* (cânon 1101, § 2; 1056, § 1):

A exclusão é um ato simulatório. Acontece quando as partes que contraem o matrimônio são viciadas pelo ato positivo da vontade que exclui o matrimônio por si mesmo ou uma de suas propriedades essenciais:

> Ahora bien, este acto positivo de la voluntad excluyente, el matrimonio mismo o una parte de sus propiedades esenciales, puede ser claramente explícito o más bien implícito. En este último caso habrá de conocerse por ciertos hechos o datos de los que se desprenda la presunción más o menos violenta de la referida exclusión. Al ser el acto de la voluntad un acto interno, se habrá de acudir a estas presunciones que brotan de hechos y circunstancias, en sí ciertamente constatables (SUBIRÁ GARCÍA, C. Tribunal del Arzobispado de Valencia, 25/04/1988. In: *Jurisprudencia matrimonial de los Tribunales Eclesiásticos españoles*. Salamanca, 1991, p. 357).

A simulação do consentimento é um ato deliberado da vontade, quando o consentimento é feito com fingimento, ou seja, quando a vontade interior da pessoa não corresponde às palavras pronunciadas por ela. Nesse caso, o consentimento é viciado e rende inválido o matrimônio. Juridicamente, se presume que as palavras pronunciadas sejam em conformidade com a vontade deliberada da pessoa. Por isso, toda e qualquer deformação deve ser provada. Até que não apareçam provas em contrário, o matrimônio goza do seu direito em si mesmo (*favor iuris*). Papel importante nesse tocante exercem as testemunhas, com o seu parecer a favor ou contra a nulidade de tal matrimônio.

A simulação pode ser *parcial* ou *total*. É *parcial*, quando uma pessoa deseja contrair o matrimônio segundo o seu livre-modo de pensar e não segundo as exigências teológico-jurídicas do matrimônio em si mesmo. Pode ser de uma parte ou das duas, combinados previamente. É *total*, quando a vontade deliberada da pessoa não pretende contrair o matrimônio com nenhuma pessoa, com uma determinada pessoa ou quando não pretende contrair um matrimônio que seja para toda a vida. Nesse caso, a sua verdadeira intenção era uma simples *união de fato*, ou uma mera *convivência* de amizade, ou um matrimônio *temporário*, ou um matrimônio que tende por si mesmo *ao divórcio*, ou um matrimônio *ad experimentum*.

O *bonum sacramenti* é parte integrante do consentimento, como elemento imprescindível do matrimônio enquanto sacramento. Refere-se à propriedade essencial da indissolubilidade. Trata-se, pois, da reserva de um pretenso direito a romper o vínculo matrimonial e a encetar um outro diferente. Contudo, urge verificar se o elemento catalisador da sua exclusão seja, de qualquer forma, manifestado no nubente, diante do consentimento. Se isso acontece, a exclusão vicia o consentimento, sendo fator preponderante na sua nulidade.

III – APLICAÇÃO DO DIREITO AOS FATOS

7. *Por falta de discrição de juízo por parte do Demandado* (cânon 1095, 2º) e *Por incapacidade do Demandado para assumir as obrigações essenciais do matrimônio por causas de natureza psíquica* (cânon 1095, 3º):

1) A *Demandante* alega que ambos não tinham consciência clara sobre o compromisso que estavam assumindo: "Tanto eu como ele não tínhamos real consciência do casamento, inclusive, eu é que o levei para a Igreja, porque até então ele não frequentava a Igreja" (fl. 43, 11-12). Mas o que mais atravancou a harmonia do lar foi a dependência do Demandado de sua mãe: "O relacionamento dele com sua mãe tem duas fases, antes do nosso casamento e posteriormente ao nosso casamento. Antes do nosso namoro, ele tinha muitos ciúmes de mim e posterior ao nosso casamento ele foi mudando, distanciando, inclusive, quando estávamos para nos casar, ela começou a renegar-me, não indo ao meu chá de panela, etc."(fl. 43, 6). "Completamente, porque ele só ficava pensando em sua mãe, em tudo o que ele poderia fazer pela mãe. Tanto que, como trabalhávamos a semana inteira, os fins de semana eram

para visitar os pais dele, principalmente a mãe" (fl. 43, 12). "O real motivo de nossa separação foi eu não agradar a sua mãe, ele dizia-me que não gostava de seus pais e que por isso ele estava indo embora" (fl. 44, 19). Perguntada sobre um possível desequilíbrio psicológico do Demandado, ela responde: "A meu ver, penso que sim, porque até hoje é que ele não conseguiu romper o vínculo simbiótico com sua mãe. O apego que ele tinha para com a mãe, a meu ver, era uma coisa doentia" (fl. 45, 22).

2) O *Demandado*, sendo citado duas vezes para depor, não compareceu, obstruindo de certa forma a certeza moral a ser proferida. Foi declarado ausente no processo (fl. 94). No entanto, os dados corroborados pelas testemunhas, com sua credibilidade, lançam luzes suficientes para uma conclusão, em base aos autos do processo.

3) As *Testemunhas* confirmam a versão dos fatos apresentados pela Demandante, de acordo com suas afirmações a seguir:

3.1) *M.F.T. (mãe da Demandante)*: "Mas já perto do casamento, quando começamos a nos frequentar é que começamos a notar uma dependência muito grande do Y.X. em relação à sua mãe, tanto que até para ir a um cinema com minha filha, ele antes pedia a permissão da mãe" (fl. 51, 6). "Sim, ela sempre interferiu na vida dos dois, aliás, ele tinha tanto amor pela mãe, que passou a ser frio e indiferente à minha filha" (fl. 52, 9).

3.2) *P.W.F. (pai da Demandante)*: "O que eu via era que ele era excessivamente mimado pela mãe, isso causa nele uma dependência muito grande em sua mãe" (fl. 57, 6). "A dependência excessiva do Demandado em relação à sua mãe... penso que lhe faltou maturidade para construir uma verdadeira família, porque a meu ver ele nunca conseguiu de fato desgarrar-se de sua família de origem, para com minha filha construir uma nova e verdadeira família" (fl. 58, 14).

3.3) *D.E.G.* (*irmã da Demandante*): "No início, a mãe dele não se opunha ao casamento, agora, já assim que se casaram, a mãe dele começou a pegar no *pé* do Y.X., tudo que fazia com minha família tinha que fazer com a mãe dele também, aliás, sempre em primeiro lugar era a mãe dele, depois a mulher e o resto" (fl. 63, 7). "A mudança de Y.X. depois de casado foi muito brusca, antes, ele era atencioso, logo que começou seu namoro com minha irmã já queria casar-se, mas após o casamento ele passou praticamente todo o tempo em que conviveram juntos brigando e sempre colocando sua mãe em primeiro lugar" (fl. 64, 9).

3.4) *V.V.T.* (*tia da Demandante*): "O relacionamento dele com sua mãe era uma coisa doentia, tal era a dependência dele com a mãe" (fl. 69, 6). "Os problemas já começaram no dia da cerimônia religiosa, pois a mãe dele já começou a ingerir na vida do casal... A lua de mel de ambos já começou problemática no início, como o pai de X.Y. iria levá-los à Rodoviária, o Demandado começou a reclamar, dizendo que minha sobrinha era muito dependente e sei também que Y.X. tinha que estar sempre em contato com a mãe" (fl. 70, 8).

3.5) *R.J.Q.* (*pároco da Demandante*): "A separação se deu pela dependência exagerada do Demandado em relação à sua mãe, tanto que ele preferiu voltar para a casa da mãe a continuar casado com X.Y." (fl. 76, 13).

3.6) *X.Z.Y.* (*irmão da Demandante*): "Na época do namoro e noivado dele com minha irmã ele sempre foi uma pessoa muito alegre e brincalhona, mas após o casamento, tornou-se fechado, arredio e começou a distanciar-se muito de nossa família" (fl. 80, 5). "Casados, ambos passaram a se isolar de nossa família e o Y.X. a cada dia ficava mais dependente de sua mãe, tanto que todos os dias minha irmã e o Y.X. tinham que visitar a mãe dele, porque senão ela se aborrecia e brigava com o filho" (fl. 81, 9).

4) Em relação aos dois primeiros capítulos, a *perícia* responde do seguinte modo: "Sua maturidade crítica estava impedida de emitir um juízo prático sobre matrimônio a ser celebrado *hic et nunc*, em virtude de seu insólito nexo com a genitora, ainda que ele pudesse gozar de reto uso da faculdade especulativa. Não podia, com efeito, entender seu matrimônio como comunhão de vida com a esposa. Sofria de uma espécie de relação simbiótica com a mãe, isto é, uma ligação de total reciprocidade e dependência, da qual não podia livrar-se. Isso lhe impediu as faculdades de crítica e vontade em relação ao objeto matrimonial" (fl. 113, 2). "Dentro de um desenvolvimento normal da personalidade a excessiva dependência afetiva que a criança tem em relação aos seus pais (Freud utilizaria o termo, para designar esta excessiva dependência afetiva, de complexo de Édipo...)... ficam *fixados* no estado infantil de excessiva dependência afetiva... que é reforçada frequentemente pela atitude superprotetora dos pais..." (fl. 114, 8). "O Demandado não demonstra que à época possuía equilíbrio capaz de superar desavenças próprias da vida-a-dois"(fl. 115, 10).

5) *Conclusão parcial:* Todos os testemunhos coletados durante o período probatório do processo, e a plena concordância com a perícia levada a efeito, não deixam a mínima dúvida moral a respeito da acusada nulidade desse matrimônio.

Assim sendo, ele era incapaz de tomar uma decisão deliberada diante do consentimento. Também era completamente incapaz de assumir os deveres conjugais. A imagem da mãe onipresente era uma espécie de muro que se interpunha entre os esposos, impedindo-os de formar uma verdadeira comunidade de vida e de amor. Dá-nos a impressão de que, na prática, ele estava querendo construir um estranho e incestuoso *ménage à trois*, o qual era rejeitado, logicamente, pela Demandante. Tal atitude era de caráter compulsivo e anterior à celebração do matrimônio, pelo que se constitui num obstáculo intransponível para o surgimento do vínculo sacramental.

8. *Por simulação parcial, por exclusão do* "bonum sacramenti", *por parte do Demandado* (cânon 1101, § 2; 1056, § 1):

Quanto à pretensa simulação, não conseguimos perceber, em todo o processo, provas que nos convencessem a uma certeza moral nesse capítulo invocado. Em nenhum momento aparece qualquer manifestação do Demandado de que se tenha reservado o direito a romper o vínculo matrimonial. Nenhuma testemunha diz nada a esse respeito.

Releva-se ainda que a grave falta de discrição de juízo é incompatível com a simulação. Esta supõe que o sujeito sabe quais são suas obrigações. Se não entendeu estas, não se vê como poderia excluí-las, mediante um ato positivo da vontade.

SENTENCIAMOS

9. Tudo considerado, seja de direito que de fato, de acordo com a dúvida exposta, se consta da nulidade do matrimônio em apreço:

1) Por falta de discrição de juízo por parte do Demandado (cânon 1095, 2º): **afirmativamente**.

2) Por incapacidade do Demandado para assumir as obrigações essenciais do matrimônio por causas de natureza psíquica (cânon 1095, 3º) ou, subordinadamente: **afirmativamente**.

3) Por simulação parcial, por exclusão do "bonum sacramenti", *por parte do Demandado* (cânon 1101, § 2; 1056, § 1): **negativamente**.

VETO: O Demandado não poderá convolar novas núpcias, sem licença prévia do ordinário local, que não a concederá sem consultar perito psicológico ou psiquiatra, que possa indicar se ele já superou as causas dessa incapacidade.

Comunique-se a quem de direito. Sejam os autos enviados por dever de ofício ao Tribunal de Apelação, ao teor da lei. Os custos do processo sejam satisfeitos pela Demandante.

As partes dispõem de 15 (quinze) dias úteis, a contar da data em que receberem esta comunicação, para apresentar apelação nos termos do cânon 1630, § 1. A apelação deve ser dirigida a este Tribunal, que transmitirá os autos ao Tribunal Superior de São Paulo, de acordo com o cânon 1633.

Rio de Janeiro, 19 de dezembro de 2003.

Dom João Corso, S.D.B
Presidente do Turno

Pe. Jesús Hortal Sanchez
Juiz

Fr. Ivo Müller
Juiz e Relator

Adelia Marta Machado
Notária

NB: Sendo esta a primeira sentença declaratória de nulidade de matrimônio e sendo obrigatória a transmissão *ex officio* da mesma com os autos ao Tribunal de Apelo (Segunda Instância) para nova apreciação da matéria, a presente decisão não confere às Partes direito a passar a novas núpcias (cânon 1682 e 1684, § 1).

A sentença de Primeira Instância deve ser encaminhada ao Tribunal de Segunda Instância para ser homologada. No caso do Tribunal do Rio de Janeiro, as sentenças de Primeira Instância são remetidas ao Tribunal de Segunda Instância de São Paulo.

Referências

ANDRÉS, D.J. *Il diritto dei religiosi*: commento esegetico al Codice. Roma, 1996, p. 407-513.

BERLINGÒ, S. I laici nella chiesa. In: *Il fedele Cristiano*: la condizione giuridica dei battezzati, EDB, 1989, p. 103-173.

BEYER, J.B. *Il Dirittto della vita consacrata*. Milano, 1989, p. 343-373.

BONI, A. *Gli Istituti religiosi e la loro potestà di governo* [c. 607/c. 596] (PONTIFICIUM ATHENAEUM ANTONIANUM, Spicilegium Pontificii Athenaei Antoniani, n. 29), Roma, 1989.

_____. *La novitas franciscana nel suo essere e nel suo divenire*. Roma, 1998.

_____. *Sacralità del celibato sacerdotal*. Genova, 1979.

BONNET, P.A. Il consenso matrimoniale. In: *Il Codice del Vaticano II*: Matrimonio canonico fra tradizione e rinnovamento, p.159-222. Canonico. Roma, 1983, p. 29-131.

CASTAÑO, J.F. Gli impedimenti matrimoniali. In: *Il Codice del Vaticano II*: Matrimonio canonico fra tradizione e rinnovamento, p.127-158.

CASTAÑO, J.F. *Gli istitituti di vita consacrata* (cânon 573-730).

CAVALCANTE, S.H. *Introdução ao estudo do Código dos Cânones das Igrejas Orientais*. São Paulo: Loyola, 2009.

CHENU, M.-D. I laici e la consecratio mundi. In: *La Chiesa del Vaticano II*: studi e commenti intorno alla Costituzione dommatica Lumen Gentium. Firenze, 1965 [dir. da G. Baraúna].

CHIAPPETTA, L. *Il Codice di Diritto Canonico*: commento giuridico pastorale. Roma: Dehoniane, 1996, volumes I e II.

Código de Direito Canônico – *Codex Iuris Canonici*, promulgado por João Paulo II, trad. oficial: CONFERÊNCIA NACIONAL DOS BISPOS DO BRASIL, notas, comentários e índice analítico de J. Hortal, CNBB, São Paulo: Loyola, 1995.

Comentario exegético al Código de Derecho Canónico. Navarra: Eunsa,1997, vol. II e III.

CONTI, M. *Il Codice di Comunione dei Frati Minori*: introduzione e commento alla Regola. Roma, 1999.

DALLA TORRE, G. *Considerazioni preliminar sui laici in Diritto Diritto Canonico*. Roma, 1983.

DANIÉLOU, J. I religiosi nella struttura della Chiesa. In: *La Chiesa del Vaticano II*: studi e commenti intorno alla Costituzione dommatica Lumen Gentium. Firenze, 1965 [dir. da G. Baraúna].

DE PAOLIS, V. I ministri sacri o chierici. In: *Il fedele Cristiano*: la condizione giuridica dei battezzati. EDB, 1989, p. 103-173.

DEL PORTILLO, A. Fieles y laicos en la Iglesia – Bases de sus respectivos estatutos jurídicos. Pamplona, 1991.

_____. Dinamicidad y funcionalidad de las estructuras pastorales. In: *Ius Canonicum*, 9 (1969), p. 323-324.

DÍAZ MORENO, J.M. Los laicos en el nuevo Código de Derecho Canónico: temática actual. In: *XXI Semana Española de Derecho Canónico* (1988 sept. 12-17, Barcelona), p. 15-75.

FALCÃO, M. Direito ao matrimónio no Código de Direito Canónico. In: Deveres e direitos dos fiéis na Igreja, p. 215-245.

FELICIANI, G. Obblighi e diritti di tutti i fedeli cristiani. In: *Il fedele Cristiano*: la condizione giuridica dei battezzati, EDB, 1989, p. 55-101; 233-262.

FERRER ORTIZ, J. & RINCÓN-PÉREZ, T. Los sujetos del ordenamiento canónico. In: *Manual de Derecho Canónico*. Pamplona, 1991.

GHIRLANDA, G.F. Doveri e diritti dei fedeli nella comunione ecclesiale. In: *La Civiltà Catolica*, 136 (1985).

_____. Potestà sacra. In: *Nuovo Dizionario di Diritto Canonico*. San Paoli Edizione, 1997, p. 803-812.

HERBAS BALDERRAMA, J. *La colaboración de los religiosos misioneros con los ordinarios del lugar en América Latina*: presupuestos teológico-jurídicos y pastorales. Roma, 1998.

HERVADA, J. *Elementos de Derecho Constitucional Canónico*. Pamplona, 1987.

HORTAL, J. *Casamentos que nunca deveriam ter existido* – Uma solução pastoral. São Paulo: Loyola, 1987.

_____. *Os sacramentos da Igreja na sua dimensão canônico-pastoral*. São Paulo: Loyola, 1987.

KOSER, C. Cooperazione dei laici con la gerarchia nell'apostolato. In: *La Chiesa del Vaticano II*: studi e commenti intorno alla Costituzione dommatica Lumen Gentium. Firenze, 1965, p. 994-1.011 [dir. da G. Baraúna].

LEITE SOARES, A. Comunhão eclesial e deveres-direitos dos batizados. In: *Deveres e direitos dos fiéis na Igreja*, p. 9-29.

LÖHRER, M. La gerarchia al servizio del popolo cristiano. In: VV.AA. *La Chiesa del Vaticano II*. Roma, 1965.

MOREIRA DE OLIVEIRA, J.L. A candidatura de presbíteros a cargos políticos. In: *REB*, 246 (2002), p. 259-296.

MÜLLER, I. *Fundamento da cooperação dos irmãos da Ordem dos Frades Menores no poder de regime da Igreja*: perspectiva teológico-jurídica do cânon 129, § 2. Roma: Antoniano, 2000, p. 69-89.

_____. O DNA dos Institutos de Vida Consagrada. In: *Grande Sinal*, 55 (2001), p. 557-575.

_____. Perspectivas de condescendência diante das uniões irregulares na Igreja. In: *REB*, 64, 256 (2004), p. 771-801.

PETTINATO, S. Le associazioni dei fedeli. In: *Il fedele Cristiano*: Il fedele Cristiano: la condizione giuridica dei battezzati. EDB, 1989, p. 233-262.

RIVUELTO, F.A. *Los capítulos de nulidad matrimonial em el ordenamiento canónico vigente*. Salamanca: UPS, 1987, p. 45-245.

SALACHAS, D. *Teologia e disciplina dei sacramenti nei códici latino e orientale*: studio teológico-giuridico comparativo. Bologna: EDB, 1999, p. 299-374.

SCHILLEBEECKX, E. Definizione del laico cristiano. In: *La Chiesa del Vaticano II*: studi e commenti intorno alla Costituzione dommatica Lumen Gentium. Firenze, 1965 [dir. da G. Baraúna].

SESBOÜÉ, B. *Não tenham medo*! Os ministérios na Igreja de hoje. São Paulo, 1998.

THILS, G. *Santidad cristiana*. Salamanca, 1964.

Índice

Sumário, 5

Apresentação à segunda edição, 7

Prefácio, 11

Abreviaturas, 13

Introdução, 15

Parte I – Os direitos e deveres comuns do Povo de Deus, 17

I – Os direitos e deveres de todos os fiéis cristãos, 21

   1. O direito à igualdade, 21

   2. O dever da comunhão com a Igreja, 22

   3. O dever de conduzir uma vida santa e de promover a santidade da Igreja, 23

   4. O direito e o dever de anunciar o Evangelho, 24

   5. O dever da obediência cristã, o direito de manifestar suas necessidades aos pastores e à liberdade de expressão e de opinião pública, 25

      5.1. O dever de obediência cristã aos seus pastores, 26

      5.2. O direito de manifestar as suas próprias necessidades aos seus pastores, 27

      5.3. O direito de manifestar aos pastores a sua própria opinião, 28

   6. O direito à ajuda espiritual, da Palavra de Deus e dos sacramentos, 29

   7. O direito ao próprio rito no culto divino e à própria espiritualidade, 31

8. O direito à associação, 32

    8.1. As associações públicas, 34

    8.2. As associações privadas, 36

9. O direito de promover e sustentar a atividade apostólica, 37

10. O direito à educação cristã, 38

11. O direito à liberdade de investigação e de opinião, 39

12. O direito de imunidade de coação na escolha do estado de vida, 40

13. O dever de não lesar a boa fama nem violar o direito à própria privacidade, 41

14. O direito à proteção legal no próprio foro eclesiástico, 43

15. O dever de ajudar a Igreja, 44

16. O dever de respeitar o bem comum e a autoridade eclesiástica, 46

II – Os direitos e deveres dos fiéis leigos e leigas, 48

1. O dever e o direito de evangelizar e de transformar a ordem temporal, 58

2. O dever peculiar das pessoas casadas, 59

3. O dever e o direito de interferir nas coisas civis, 60

4. O direito de assumir ofícios eclesiásticos, 61

5. O dever e o direito ao conhecimento da doutrina cristã, 63

6. O direito aos ministérios da Igreja, 64

7. O dever da formação e o direito de remuneração, 66

III – Os direitos e deveres dos fiéis clérigos, 68

1. O dever da obediência ao papa e aos seus ordinários, 68

2. O direito de receber e desempenhar fielmente o seu ofício, 69

3. O dever de promover e manter a missão na Igreja, 71

4. O dever de buscar a perfeição e a santidade, 71

5. O dever do celibato, 73

6. O direito de se unir em associações, 77

7. O dever da formação permanente, 77

8. O direito e o dever da vida comunitária, 79

9. O direito à remuneração e à assistência social, 80

10. O dever de levar uma vida simples, 83

11. O direito de residência e de férias, 84

12. O dever do hábito eclesiástico, 85

13. O dever de abster-se daquilo que não convém ao seu estado, 87

14. O dever de não exercer por si ou por outros negócios ou comércio, 89

15. O dever de promover a paz, não participar nos partidos políticos e na direção de associações sindicais, 91

16. Isenções de deveres aos diáconos permanentes, 93

17. O dever de não exercer o serviço militar, 93

IV – Os direitos e deveres das fiéis religiosas e religiosos consagrados, 95

1. O dever de obedecer a Regra e as Constituições, 102

2. O dever da vida de piedade, 103

2.1. A constante união com Deus, 103

2.2. A vida eucarística, 104

2.3. As práticas pessoais de piedade, 106

2.4. O culto especial à Virgem Maria, 108

2.5. A fidelidade do retiro anual, 108

3. O dever da contínua conversão, 109

4. O dever da residência comunitária, 110

4.1. A residência na fraternidade, 110

4.2. A ausência prolongada e ilegítima da fraternidade, 111

5. O dever da necessária discrição nos meios de comunicação, 113

6. O dever de observar a clausura, 113

6.1. A clausura comum, 114

6.2. A clausura mais estrita, 114

6.3. A clausura papal, 114

7. O dever do usufruto dos bens materiais em comum, 116

7.1. A cessão da administração dos bens próprios, 117

7.2. A obrigação do testamento, 117

7.3. A aquisição dos bens pelo religioso, 118

7.4. A renúncia aos bens temporais, 119

8. O dever de usar o hábito religioso, 120

9. O direito de usufruto dos bens da fraternidade, 120

10. O dever da permissão para ofícios e encargos fora do Instituto, 121

Parte II – O direito dos fiéis cristãos aos sacramentos da Igreja, 123

I – O Sacramento do Batismo, 127

1. Elementos teológico-jurídicos do Batismo, 127

2. A preparação ao Batismo, 127

3. A matéria e a forma do Batismo, 128

4. Os ministros do Batismo, 128

5. As condições para que alguém possa ser batizado, 129

6. A validade do Batismo nas outras Igrejas, 129

7. Condições exigidas aos padrinhos, 131

8. Questões jurídico-pastorais, 132

8.1. Batismo de crianças de católicos que negam a fé, 132

8.2. Batismo de crianças cujos pais têm vida irregular, 132

8.3. Batismo de crianças cujos pais não têm a mesma religião, 133

9. O Batismo na legislação das Igrejas Católicas Orientais, 133

9.1. Sobre a prévia preparação, 135

9.2. Sobre a matéria e a forma, 136

9.3. Sobre o ministro, 136

9.4. Sobre os padrinhos, 137

9.5. Sobre a administração do Batismo e do santo Myron, 137

II – O Sacramento da Confirmação, 139

1. Princípios teológico-jurídicos, 139

2. Matéria e forma da Confirmação, 140

3. O ministro da Confirmação, 140

4. Condições para alguém ser confirmado, 141

5. As condições e funções dos padrinhos, 141

6. A Confirmação no contexto da realidade brasileira, 141

7. Tempo e lugar da Confirmação, 142

8. O registro e a prova da Confirmação, 142

III – O Sacramento da Eucaristia, 143

1. Princípios teológico-jurídicos, 143

2. A matéria e a forma da Eucaristia, 144

3. O ministro da Eucaristia, 146

   3.1. O ministro da confecção válida do sacramento, 146

   3.2. O ministro da distribuição da Eucaristia, 147

4. Condições para alguém receber a Eucaristia, 147

   4.1. A pessoa que tenha a intenção suficiente, 147

   4.2. Recepção prévia do Sacramento da Penitência, 149

   4.3. A frequência e a repetição da Eucaristia, 149

   4.4. A pessoa não probida pelo direito, 150

5. Os divorciados diante da Eucaristia, 151

6. *Communicatio in sacris*, 156

   6.1. A administração por parte dos ministros católicos aos fiéis católicos, 156

   6.2. A recepção por parte dos fiéis católicos, 157

IV – O Sacramento da Penitência, 158

1. Princípios teológico-jurídicos, 158

2. A matéria e a forma da Penitência, 160

3. O ministro da Penitência, 160

   3.1. Pelo próprio direito, 161

   3.2. Por delegação da autoridade competente, 161

   3.3. Por ampliação da faculdade, 162

4. A confissão e a absolvição comunitária, 162

   4.1. Confissão individual e absolvição individual, 162

   4.2. Confissão e absolvição individuais na celebração comunitária, 162

   4.3. Confissão e absolvição comunitária, 163

5. O papel do confessor diante dos penitentes, 163

6. O confessor diante de casos complicados, 164

V – O Sacramento da Unção dos Enfermos, 166

1. Princípios teológico-jurídicos, 166

2. A matéria e a forma da Unção dos Enfermos, 167

3. O ministro da Unção dos Enfermos, 167

4. Condições para alguém receber a Unção, 167

5. A questão do ministro da Unção, 169

VI – O Sacramento da Ordem, 170

1. Princípios teológico-jurídicos, 170

2. A matéria e a forma da Ordenação, 171

3. O ministro da Ordenação, 171

4. Condições e requisitos para alguém ser ordenado, 172

    4.1. Condições básicas, 172

    4.2. Requisitos positivos, 172

    4.3. Atos anteriores à ordenação (pré-requisitos), 173

    4.4. Requisitos negativos, 174

5. Casos concretos da praxe pastoral, 175

VII – O Sacramento do Matrimônio, 177

1. O direito ao matrimônio na perspectiva do Direito Romano, 177

2. O direito natural ao matrimônio segundo o Magistério da Igreja, 179

    2.1. O matrimônio e a família no mundo de hoje, 180

    2.2. A santidade do matrimônio e da família, 181

    2.3. O amor conjugal, 182

    2.4. A fecundidade do matrimônio, 183

    2.5. A harmonização do amor conjugal com respeito à vida humana, 183

    2.6. A promoção do matrimônio e da família como um dever de todos, 184

3. O direito e o dever da preparação ao matrimônio, 186

   3.1. Exigências da Igreja, em função da preparação matrimonial, 187

   3.2. Questões relacionadas à preparação matrimonial, 190

   3.3. Casos pastorais, 191

4. O direito de impugnar o matrimônio, 196

5. O direito matrimonial e os seus impedimentos, 198

   5.1. Impedimento de idade (cânon 1083), 199

   5.2. Impedimento de impotência (cânon 1084), 199

   5.3. Impedimento do vínculo (cânon 1085), 200

   5.4. O impedimento de disparidade de culto (cânon 1086), 201

   5.5. Impedimento de ordem sagrada (cânon 1087), 203

   5.6. Impedimento de voto (cânon 1088), 203

   5.7. Impedimento de rapto (cânon 1089), 203

   5.8. Impedimento de crime (cânon 1090), 204

   5.9. Impedimento de consanguinidade (cânon 1091), 205

   5.10. Impedimento de afinidade (cânon 1092), 206

   5.11. Impedimento de pública honestidade (cânon 1093), 206

   5.12. Impedimento de parentesco legal (cânon 1094), 206

6. O direito ao matrimônio e a forma canônica, 207

7. O direito ao matrimônio e os vícios de consentimento, 209

   7.1. Falta do suficiente uso da razão (cânon 1095, 1º), 210

   7.2. Falta de discrição de juízo (cânon 1095, 2º), 210

   7.3. Incapacidade por anomalias psíquicas (cânon 1095, 3º), 210

   7.4. Por ignorância (cânon 1096), 211

   7.5. Por erro de pessoa e de qualidade de pessoa (cânon 1097), 212

   7.6. Por erro doloso (cânon 1098), 214

   7.7. Por erro sobre as propriedades essenciais (cânon 1099), 214

   7.8. Por simulação (cânon 1101), 215

   7.9. Sob condição (cânon 1102), 216

   7.10. Por violência ou medo grave (cânon 1103), 218

8. O direito ao matrimônio e a sanação do consentimento natural, 219

    8.1. Caso concreto, 219

    8.2. Apresentação, 220

    8.3. Alavancas esclarecedoras, 220

    8.4. Procedimentos práticos, 223

9. O direito ao matrimônio e os Tribunais Eclesiásticos, 224

Anexos, 227

I – Roteiro para exposição do caso de nulidade matrimonial, 229

II – Sentença de Primeira Instância, 232

Referências, 247

COLEÇÃO INICIAÇÃO À TEOLOGIA
Coordenadores: Welder Lancieri Marchini e Francisco Morás

- *Teologia Moral: questões vitais*
  Antônio Moser
- *Liturgia*
  Frei Alberto Beckhäuser
- *Mariologia*
  Clodovis Boff
- *Bioética: do consenso ao bom-senso*
  Antônio Moser e André Marcelo M. Soares
- *Mariologia – Interpelações para a vida e para a fé*
  Lina Boff
- *Antropologia teológica – Salvação cristã: salvos de quê e para quê?*
  Alfonso García Rubio
- *A Bíblia - Elementos historiográficos e literários*
  Carlos Frederico Schlaepfer, Francisco Rodrigues Orofino e
  Isidoro Mazzarolo
- *Moral fundamental*
  Frei Nilo Agostini
- *Direito Canônico – O Povo de Deus e a vivência dos sacramentos*
  Ivo Müller, OFM

LEIA TAMBÉM:

Jesus, Paulo e os Evangelhos

James D.G. Dunn

Esta obra, escrita por um pesquisador amplamente respeitado, oferece uma visão panorâmica harmônica e esclarecedora sobre as origens do movimento inicial de Jesus e do início da comunidade cristã.

Além disso, aborda uma variedade de questões básicas do estudo do Novo Testamento, como as seguintes: *Onde, por que* e *como* os Evangelhos foram escritos e *o que* deveríamos esperar deles; A confiabilidade e a historicidade dos relatos dos evangelhos a respeito da vida e do ministério de Jesus; A significativa e perene importância do Apóstolo Paulo e de sua mensagem; Pontos de continuidade e descontinuidade entre o ensinamento de Jesus e o de Paulo – e como interligar os dois.

James D.G. Dunn é professor de teologia aposentado, detentor da Cátedra Lightfoot na Universidade de Durham na Inglaterra. Dentre seus muitos livros merecem destaque: *Jesus Remembered* [Jesus recordado] e *Beginning from Jerusalem* [Começando em Jerusalém] (volumes 1 e 2 de *Christianity in the Making* [Cristianismo em construção]) e os comentários a Romanos, Gálatas, Colossenses e Filêmon.